Eva-Maria Nott

Die personenbedingte Kündigung wegen Krankheit

Nott, Eva-Maria: Die personenbedingte Kündigung wegen Krankheit, Hamburg, Igel Verlag RWS 2016

Buch-ISBN: 978-3-95485-338-0
PDF-eBook-ISBN: 978-3-95485-838-5
Druck/Herstellung: Igel Verlag RWS, Hamburg, 2016

Bibliografische Information der Deutschen Nationalbibliothek:
Die Deutsche Nationalbibliothek verzeichnet diese Publikation in der Deutschen Nationalbibliografie; detaillierte bibliografische Daten sind im Internet über http://dnb.d-nb.de abrufbar.

© Igel Verlag RWS, Imprint der Diplomica Verlag GmbH
Hermannstal 119k, 22119 Hamburg
http://www.diplomica.de, Hamburg 2016
Printed in Germany

Inhaltsverzeichnis

Abkürzungsverzeichnis

a.A.	andere Auffassung
ArbG	Arbeitsgericht
Art	Artikel
Abs	Absatz
ArbG	Arbeitsgericht
ArbPLSchG	Arbeitsplatzschutzgesetz
BAG	Bundesarbeitsgericht
BBiG	Berufsbildungsgesetz
BGB	Bürgerliches Gesetzbuch
BRD	Bundesrepublik Deutschland
BSG	Bundessozialgericht
BtMG	Betäubungsmittelgesetz
BZgA	Bundeszentrale für gesundheitliche Aufklärung
EuGH	Europäischer Gerichtshof
GG	Grundgesetz
ggf.	gegebenenfalls
h.M.	herrschende Meinung
i.d.R.	in der Regel
i.S.	im Sinne
KSchG	Kündigungsschutzgesetz
LAG	Landesarbeitsgericht
LSG	Landessozialgericht
MutterschutzG	Mutterschutzgesetz
Rn.	Randnummer
S.	Seite
SGB	Sozialgesetzbuch
sog.	sogenannte
u.a.	unter anderem
u.U.	unter Umständen
z.B.	zum Beispiel

A. Einleitung

"Krankheit schützt nicht vor Entlassung", so lautet die Überschrift eines Artikels der FAZ, der im Januar 2007 online erschienen ist.[1] Der Bericht stellt eine Entscheidung des BAG in den Fokus, aus der hervorgeht, dass eine Kündigung aufgrund einer Langzeiterkrankung durchaus gerechtfertigt sein kann, da der Arbeitgeber die dadurch bedingte erhebliche betriebliche Beeinträchtigung nicht hinnehmen muss.[2]

Fehlzeiten verursachen enorme Belastungen, die sich auf unterschiedliche Weise auswirken. Erkrankt ein Mitarbeiter, so hat der Arbeitgeber zur Wahrung der betrieblichen Interessen Alternativen zur Arbeitsvertretung zu finden, um Produktionsrückstände oder Maschinenstillstände zu vermeiden oder zumindest möglichst gering zu halten. Andere Arbeitnehmer müssen einspringen und die Arbeit des gesundheitlich beeinträchtigten Kollegen übernehmen. Neben dem betrieblichen Mehraufwand kann das Fehlen eines Arbeitnehmers auch finanzielle Beeinträchtigungen mit sich führen. Steigt die krankheitsbedingte Abwesenheit nicht über eine Dauer von sechs Wochen hinaus, so leistet der Arbeitgeber eine Entgeltzahlung ohne im Gegenzug die vertraglich vereinbarte Arbeitsleistung zu erhalten.

Dennoch können nicht bereits vereinzelte Fehltage als erheblich beeinträchtigend ausgelegt werden. In einem gewissen Rahmen hat der Arbeitgeber diese hinzunehmen, bevor er mit Aussicht auf Erfolg eine krankheitsbedingte Kündigung aussprechen kann.

Ein Vergleich zwischen dem Krankenstand in den 80 er Jahren und der heutigen Arbeitsunfähigkeit zeigt einen Rückgang von knapp 2%. Verantwortlich dafür sind verbesserte Arbeitsbedingungen, Investitionen in das Gesundheitsmanagement, aber auch die Angst vor dem Verlust des Arbeitsplatzes.[3] Diese Angst ist nicht unbegründet,

---

[1] *FAZ*, Arbeitsunfähigkeit: Krankheit schützt nicht vor Entlassung.
[2] *BAG* 12.4.2002 – 2 AZR 148/01 = NZA 2002, 1081.
[3] *Bundesministerium für Gesundheit*, Krankenstand, S.3.

da es sich bei der krankheitsbedingten Kündigung um den praktisch bedeutsamsten Unterfall einer personenbedingten Kündigung handelt.[4]

Die Voraussetzungen einer solchen Kündigung werden durch den Gesetzgeber sowie durch die Rechtsprechung definiert.

Die vorliegende Arbeit zeigt auf, welche Erfordernisse an eine rechtmäßige krankheitsbedingte Kündigung gestellt werden. Dabei werden die vier durch die Rechtsprechung entwickelten Fallgruppen anhand des dreistufigen Prüfungsschemas einzeln erläutert. Dabei kann jede der Fallgruppen einen Kündigungsgrund darstellen. Die Aufführung kündigungsrelevanter Einzelfälle befasst sich darüber hinaus mit problematischen Krankheitsformen, wie z.B. dem Alkoholismus oder der AIDS-Erkrankung. Die gesonderte Darstellung dieser Krankheiten ergibt sich aus den zahlreichen besonderen Umständen, die im Hinblick auf die Durchsetzbarkeit der Kündigung berücksichtigt werden müssen.

Da der Schwerpunkt jedoch nicht ausschließlich auf der Freisetzung eines Mitarbeiters liegen soll befasst sich die Arbeit weiterhin mit dem themenbezogenen betrieblichen Eingliederungsmanagement. Eine solche Maßnahme setzt die Umgestaltung des Arbeitsplatzes voraus und gibt dem erkrankten Mitarbeiter damit die Möglichkeit weiterhin einer Beschäftigung nachzugehen. Zwei ausgewählte Rechtsstreitigkeiten zeigen die Entwicklungen der vergangenen Jahre auf und beantworten die Frage nach der Verpflichtung des Arbeitgebers zur Durchführung des betrieblichen Eingliederungsmanagements.

Das Schlusskapitel beinhaltet das Fazit und die Kritikpunkte, welche sich auf die zuvor niedergeschriebenen Erkenntnisse beziehen.

---

[4] *Berkowsky*, Die personen- und verhaltensbedingte Kündigung, S. 63.

B.   Das Rechtsinstrument der Kündigung

Bei der Kündigung handelt es sich um ein einseitiges, empfangsbedürftiges Rechtsgeschäft, dessen Folge die Beendigung eines Dauerschuldverhältnisses ist.[5] Der Arbeitgeber führt mit diesem zentralen Gestaltungsmittel eine Trennung von seinem Mitarbeiter herbei, wenn ihm eine Fortführung des Arbeitsverhältnisses nicht mehr möglich ist.[6] Die Kündigung bedarf nach § 623 BGB der Schriftform. Der Begriff der Kündigung ist dabei nicht zwingend aufzuführen[7], jedoch muss hinreichend zum Ausdruck gebracht werden, dass der Erklärende die Beendigung des Arbeitsverhältnisses beabsichtigt.[8] Für den Erklärungsempfänger muss das dafür vorgesehene Datum aus der Kündigung ersichtlich sein.[9] Nach § 130 I BGB gilt die Kündigung dann als zugegangen, sobald sie in verkehrsüblicher Weise in die Verfügungsgewalt des Empfängers oder eines empfangsbedürftigen Dritten wie z.B. des Ehegatten gelangt ist.[10] Ebenso geht das Kündigungsschreiben in dem Fall zu, wenn der Arbeitgeber Kenntnis von urlaubsbedingter Abwesenheit des Arbeitnehmers hat und von einer üblichen Leerung des Briefkastens auszugehen ist.[11] Bestehen keine gesetzlichen, tarifvertraglichen[12] oder einzelvertraglichen Erfordernisse[13], so sieht der Inhalt des Kündigungsschreibens keine Angabe von Kündigungsgründen vor.

Die Kündigung stellt jedoch einen Einschnitt von erheblicher Tragweite für beide Parteien dar. Aus diesem Grund muss sich die Kündigung stets innerhalb des sogenannten Ultima Ratio-Prinzips als geeignetes Mittel erweisen, unabhängig davon, ob sie ordentlich oder außerordentlich ausgesprochen wird. Dies bedeutet, dass für den Arbeitgeber keine Möglichkeiten für den Einsatz milderer Mittel bestehen dürfen. Als mildere Mittel kommen das Instrument der Abmahnung, die Änderungskündigung oder aber auch die Versetzung in Betracht.[14] Grundsätzlich ist festzustellen, dass eine

---

[5] *Fuchs*, in: Beck'scher OK-BGB, Stand 01.02.2014, § 620 BGB, Rn. 55.
[6] *Berkowsky*, Die personen- und verhaltensbedingte Kündigung, S. 28, Rn. 13.
[7] *BAG*, AP Nr. 69 zu § 4 KSchG 1969.
[8] *LAG Rheinland-Pfalz*, NZA-RR 2005, 274.
[9] *BAG*, NZA 2013, 1137, 1139.
[10] *BAG*, NZA 2011, 847.
[11] *BAG*, NZA BeckRS 2012, 72009.
[12] *BAG*, NZA 1999, 603, 604.
[13] *BAG*, NZA 2013, 900.
[14] *Pfeiffer*, Kündigungsschutzrecht, §1 KSchG, Rn. 177.

Änderungskündigung in jedem Fall vorrangig in Erwägung gezogen werden muss[15] und die Erforderlichkeit der Verhältnismäßigkeit erfüllt wird.[16] Dabei ist zu berücksichtigen, dass die soziale Rechtfertigung einer Kündigung nicht nur durch vergangene Störungen begründet wird, sondern auch zukünftige gleichwertige Störungen erwarten lässt.[17]

Die Beendigung eines Arbeitsverhältnisses durch eine Kündigung wird durch nationales Recht eingeschränkt. Allgemeine Vorschriften, zu welchen die dem BGB zu entnehmenden Kündigungsformen- und Fristen zählen, können durch den geltenden Kündigungsschutz nach dem KSchG und dem besonderen Kündigungsschutz bestimmter Arbeitnehmergruppen ergänzt werden.[18] Dabei ist jedoch festzuhalten, dass nicht grundsätzlich von der Anwendbarkeit des KSchG ausgegangen werden kann, da bestimmte Voraussetzungen erfüllt sein müssen.

I.   Das Kündigungsschutzgesetz

Das KSchG, welches bereits 1951 in Kraft getreten ist, bildet das Kernelement des deutschen Kündigungsschutzrechts. Neben diesem Gesetz existieren zahlreiche Sonderbestimmungen, die dann Anwendung finden, wenn Personenkreise besonderer Beschäftigter betroffen sind.[19] Dazu zählen werdende Mütter und Mütter (MutterschutzG), Schwerbehinderte (SGB IX), Auszubildende (BBiG) oder Wehr- und Zivildienstleistenden (ArbPLSchG).

Das KSchG gliedert sich in vier Abschnitte und basiert auf lediglich 26 Paragrafen. Dies klingt zunächst sehr überschaubar. Zur Darstellung des Inhalts und des Geltungsbereiches füllt die Literatur jedoch mehrere hundert Seiten,[20] wodurch die Relevanz der Auswirkungen des Gesetzes unterstrichen wird.
Findet das KSchG für ein Arbeitsverhältnis keine Anwendung, so hat dies nicht zur Konsequenz, dass der Arbeitgeber willkürlich und frei von jeglichen Regelungen

---

[15] *BAG*, AP KSchG 1969 § 2 Nr.8.
[16] *Rolfs*, in: Beck'scher OK-Arbeitsrecht, Stand 01.03.2014, § 1 KSchG, Rn. 66.
[17] *Rolfs*, in: Beck'scher OK-Arbeitsrecht, Stand 01.03.2014, § 1 KSchG, Rn. 66.
[18] *Emmerich*, BGB-Schuldrecht besonderer Teil, S. 135, Rn. 26.
[19] *Berkowsky*, Die personen- und verhaltensbedingte Kündigung, S. 3, Rn. 1 ff.
[20] *Berkowsky*, Die personen- und verhaltensbedingte Kündigung, S. 3, Rn. 4 ff.

Kündigungen aussprechen darf.[21] Der Kündigungsschutz außerhalb des KSchG umfasst drei Schutzkategorien. Dazu zählen der besondere Kündigungsschutz, die Verbote von Diskriminierungen und die Generalklauseln des Zivilrechts.[22] Die Generalklauseln des Zivilrechts bieten dem Arbeitnehmer Schutz vor sitten- oder treuwidrigen Kündigungen.[23] Kommen für eine Kündigung mehrere Arbeitnehmer in Betracht und ist hier demnach eine Auswahl zu treffen, so geht der Schutz des Arbeitsplatzes und das Maß sozialer Rücksichtnahme aus §§ 138, 242 BGB in Verbindung mit dem Sozialstaatsprinzip einher.[24] Insbesondere kann die ausgesprochene Kündigung auch wegen der mittelbaren Drittwirkung von Grundrechten unwirksam sein wie z.B. durch den Verstoß gegen den Gleichheitsgrundsatz nach Art. 3 Abs. 1 GG.[25]

Dieser außerhalb des KSchG bestehende Schutz darf in der Praxis jedoch nicht identisch zu den innerhalb des KSchG geltenden Maßstäben der Sozialwidrigkeit sein.[26] Gleiches gilt für den Grundsatz der Verhältnismäßigkeit, der außerhalb des Geltungsbereiches nicht zur Anwendung kommt.[27] Dies bedeutet, dass die Tatsache, ob ein Arbeitsverhältnis unter das KSchG fällt, von erheblicher Bedeutung für den Arbeitnehmer ist und ihn vor dem Entzug seiner Existenzgrundlage schützen kann.

1.   Anwendbarkeit

Der Arbeitnehmer kann sich dann auf das KSchG berufen, wenn dieses auf sein Arbeitsverhältnis anwendbar ist. Durch das KSchG werden nur ordentliche Kündigungen durch den Arbeitgeber berührt.[28] Die außerordentliche Kündigung unterliegt nach § 13 I KSchG ausschließlich in verfahrensrechtlicher Hinsicht dem KSchG.[29]

---

[21] *BAG*, NZA 2005, 218, 221; Berkowsky, Die betriebsbedingte Kündigung, S. 25, Rn. 7.
[22] Waas, ZRP 2004, 142, 143.
[23] *Fuchs*, in: Beck'scher OK-BGB, Stand 01.02.2014, § 620 BGB, Rn. 59.
[24] Waas, ZRP 2004, 142, 143.
[25] *Neuner*, Grundrechte und Privatrecht aus rechtsvergleichender Sicht, S. 251.
[26] *BAG*, NZA-RR 2008, 404, 406.
[27] *BAG*, NZA-RR 2008, 404, 407.
[28] *Linck* in: Arbeitsrechts-Handbuch, § 138. Kündigungsschutzklage, Rn. 2.
[29] *Ring*, Arbeitsrecht für Wirtschaftswissenschaftler, S. 90.

a)   Persönlicher Anwendungsbereich

Der Kündigungsschutz des KSchG wird durch § 1 auf den Arbeitnehmer beschränkt, dessen Beschäftigungsdauer mehr als sechs Monate im selben Betrieb besteht. Dabei sind Arbeitsausfälle im Krankheitsfall oder urlaubsbedingte Unterbrechungen nicht zu berücksichtigen.[30] Vorhergehende Arbeitsverhältnisse sind bei nicht allzu erheblicher Unterbrechung auf die Frist anzurechnen.[31] Die sechsmonatige Wartezeit verfolgt das Ziel, dem Arbeitgeber die Möglichkeit zu geben, seinen Arbeitnehmer zu erproben, ohne sich unmittelbar an das KSchG binden zu müssen. Der Arbeitnehmer kann nach Ablauf dieser Frist bereits eine Art Betriebstreue vorweisen und „erarbeitet" sich dadurch den gesetzlichen Schutz durch das KSchG.[32]

Der Begriff des Arbeitnehmers wird durch das Gesetz jedoch nicht konkret definiert, sondern vorausgesetzt.[33] Nach ständiger Rechtsprechung ist ein Arbeitnehmer, derjenige der beruhend auf einem privatrechtlichen Vertrag dazu verpflichtet ist, im Dienste eines Dritten, weisungsgebundene und fremdbestimmte Arbeit zu leisten.[34] Das zwischen den beiden Parteien geschlossene Vertragsverhältnis spielt zur Beurteilung der Arbeitnehmerschaft eine Rolle. Es lässt sich zwischen den Vertragstypen differenzieren, wonach beispielsweise ein Dienstvertrag, ein Werkvertrag oder aber ein Arbeitsvertrag vorliegen kann. Aus einem Arbeitsvertrag ergeben sich Rechte und Pflichten beider Parteien. Bei diesen Rechten und Pflichten kommt es jedoch nicht auf die vertragliche Formulierung an, sondern auf die Umsetzungsweise in der Praxis.[35] Zu den Bestimmungen, die zur Beantwortung der Frage nach einem Arbeitsverhältnis bzw. nach der Arbeitnehmereigenschaft von Bedeutung sind, zählen die Gewährung von Urlaub, die Entgeltfortzahlung, die Zahlung von Sozialversicherungen oder aber auch die Weisungsgebundenheit. Dem Weisungsrecht des Arbeitgebers unterliegen inhaltliche, örtliche und zeitliche

---

[30] *Küfner-Schmitt*, Arbeitsrecht, S. 172.
[31] *BAG* 20.08.1998 - 2 AZR 76/98.
[32] *Hoyningen-Huene/Linck*, Kündigungsschutzgesetz, §1 Rn. 64.
[33] *Corts* in: Das Arbeitsrecht im BGB, S. 679.
[34] *BAG* 13.3.2008–2 AZR 1037/06 = NZA 2008, 878; *BAG* 12.12.2001 – 5 AZR 253/00–AP § 611 BGB Abhängigkeit Nr. 111 = NZA 2002, 787; *BAG* 20.8.2003 – 5 AZR 610/02–NJW 2004, 461.
[35] Berkowsky, Die personen- und verhaltensbedingte Kündigung, S. 5, Rn. 16.

Bestimmungen der durch den Arbeitnehmer zu leistenden Arbeit.[36] I. S. des § 17 KSchG sind auch zu ihrer Berufsbildung Beschäftigte und Teilzeitbeschäftigte, unabhängig von dem Umfang ihres Arbeitsvolumens, als Arbeitnehmer anzusehen.[37] Für leitende Angestellte (i. S. des KSchG) ist das KSchG nur eingeschränkt anwendbar, obwohl diese Beschäftigtengruppe dennoch als Arbeitnehmer zu sehen ist.[38] Eine dem leitenden Angestellten gegenüber ausgesprochene Kündigung ist zwar auch nur dann wirksam, wenn sie nach § 1 KSchG sozial gerechtfertigt ist und muss demnach verhaltensbedingte-, personenbedingte- oder betriebsbedingte Gründe mit sich führen. Der Kündigungsschutz als solcher ist aber beschränkt. Der leitende Angestellte wird nicht durch den Betriebsrat vertreten und kann somit nach § 3 KSchG keinen Einspruch bei ihm einlegen.[39] Weiterhin kann der Arbeitgeber innerhalb eines Kündigungsschutzprozesses gem. § 14 II S.2 KSchG jederzeit beantragen, dass das Gericht das Arbeitsverhältnis gegen eine Abfindungszahlung durch den Arbeitgeber auflöst. Ebenso unterliegt der leitende Angestellte nach § 17 VI KSchG nicht dem Schutz vor Massenentlassungen, da der leitende Angestellte bei der Erstellung einer Massenentlassungsanzeige nicht durch den Arbeitgeber berücksichtigt werden muss.

b)   Sachlicher Anwendungsbereich

Der sachliche Anwendungsbereich ist den §§ 1 I, 23 I 2, 3 KSchG zu entnehmen, wodurch die Betriebsgröße normiert wird. Der betriebliche Schwellenwert, der vor dem 1.1.2004 noch bei 5 Arbeitnehmern gelegen hat, wurde durch das sog. Gesetz zu Reformen am Arbeitsmarkt auf eine Betriebsgröße von 10 Arbeitnehmern erhöht.[40] § 1 KSchG berücksichtigt als betriebliche Organisation den Betrieb und das Unternehmen, ohne die Begriffe zu definieren. Eine mögliche Definition des Betriebsbegriffes könnte sich aus § 4 BetrVG ergeben.[41] § 4 BetrVG ist im Hinblick auf die Begriffsdefinition jedoch ausschließlich auf die betriebliche Organisation gerichtet, in der ein Betriebsrat gewählt werden kann. Die Arbeitnehmer, die in einem Betriebsteil ohne eigenständigen Betriebsrat tätig sind, können beschließen, an der Wahl im Hauptbetrieb teilzunehmen.

---

[36] Schöne in: NomosKommentar Arbeitsrecht, § 611 BGB, Rn. 65.
[37] *Pfeiffer* in: Kündigungsschutzrecht, § 17 KSchG, Rn. 22ff.
[38] *Jula*, Der GmbH-Geschäftsführer im Arbeits- und Sozialversicherungsrecht, S. 48.
[39] *Howald/Reich* in: Der Prokurist- Recht und Pflichten, S. 93.
[40] *Berkowsky*, Die personen- und verhaltensbedingte Kündigung, S.20, Rn. 97.
[41] *BAG*, AP Nr. 21 zu § 1 KSchG 1969 Betriebsbedingte Kündigung.

Dies würde im übertragenen Sinne für das KSchG bedeuten, dass eine Sozialauswahl im Falle betriebsbedingter Kündigungen über den Gesamtbetrieb auszuweiten wäre, was letzlich wenig Sinn machen würde.[42] Die herrschende Meinung versteht unter dem Betriebsbegriff die organisatorische Einheit, innerhalb derer ein Arbeitgeber allein oder mit seinen Arbeitnehmern mithilfe von technischen und immateriellen Mitteln bestimmte arbeitstechnische Zwecke fortgesetzt verfolgt, die sich nicht in der Befriedigung von Eigenbedarf erschöpfen.[43]

§ 23 KSchG geht bei der Festlegung der Betriebsgröße „in der Regel" von 10 Arbeitnehmern aus. „In der Regel" bedeutet dabei, dass nicht der Kündigungszeitpunkt im Hinblick auf die Betriebsgröße maßgeblich ist. Relevant für die Feststellung der Betriebsgröße sind dahingegen der vergangenheitsbezogene sowie der zu erwartende Personalbestand.[44] Demzufolge kann die Voraussetzung der vorgegebenen Betriebsgröße zur Anwendbarkeit des KSchG auch dann erfüllt sein, wenn der Schwellenwert von 10 Arbeitnehmern zum Zeitpunkt der Kündigung nicht erreicht ist.[45] Beruft sich der Arbeitnehmer auf das KSchG, so muss dieser beweisen, dass i.d.R. mehr als 10 Arbeitnehmer beschäftigt sind und steht somit in der Beweislast.[46]

c)   Räumlicher Anwendungsbereich

Das KSchG findet in seiner Form nur in der Bundesrepublik Deutschland Anwendung und ist daher auf das Inland beschränkt. Im Ausland Beschäftigte können sich nur dann auf das KSchG beziehen, wenn für das vorliegende Arbeitsverhältnis grundsätzlich deutsches Recht gilt.[47]

Die zur Anwendbarkeit des Gesetzes erforderliche Voraussetzung von mehr als 10 Beschäftigten kann durch die Berücksichtigung der im Ausland arbeitenden Mitarbeiter erfüllt werden, wenn die im Inland und Ausland ansässigen Betriebe in einem

---

[42] *Berkowsky*, Die betriebsbedingte Kündigung, S.37, Rn. 68.
[43] BAG 26.8.1971 – 2 AZR 233/70–AP KSchG 1969 § 23 Nr 1; BAG 14.9.1988 – 7 ABR 10/87–AP BetrVG 1972 § 1 Nr 9; BAG 3.6.2004 – 2 AZR 386/03– AP KSchG 1969 § 23 Nr 33.
[44] *BAG*, AP Nr. 37 zu § 1 KSchG 1969=NZA 1987, 629; *BAG*, AP Nr. 11 zu § 23 KSchG 1969=NZA 1991, 562.
[45] *LAG Rheinland Pfalz*, AP Nr. 14 zu § 23 KSchG 1969=NZA 1997, 315.
[46] *Kloppenburg* in: NomosKommentar Arbeitsrecht, § 58 ArbGG, Rn. 58.
[47] *Berkowsky*, Die personen- und verhaltensbedingte Kündigung, S. 7, Rn. 29.

einheitlichen gemeinsamen Betrieb handeln und die zur Anzahl der Beschäftigten einzurechnenden Arbeitnehmer dem deutschen Arbeitsrecht unterliegen.[48]

2.   Klagefrist

Will ein Arbeitnehmer die Rechtsunwirksamkeit seiner Kündigung geltend machen, so muss er gem. § 4 S. 1 KSchG die Klagefrist von drei Wochen einhalten. Innerhalb dieser Zeit hat er vor dem zuständigen Arbeitsgericht, mit dem Antrag auf Feststellung, dass sein Arbeitsverhältnis nicht aufgelöst wurde, Klage zu erheben.[49] Ggf. ist der Klage nach § 3 KSchG die Stellungnahme des Betriebsrates hinzuzufügen. Die vorgeschriebene Frist zur Erhebung der Klage richtet sich dabei nicht nur an Arbeitnehmer, die den Schutz durch das KSchG genießen, sondern auch an diejenigen, die nicht unter dieses Gesetz fallen.[50] Von daher sind nicht nur fehlende soziale Rechtfertigungsgründe der Kündigung betroffen, sondern auch sonstige zur Unwirksamkeit führende Gründe.[51]

Der Tag der Kündigungszustellung wird bei der Fristberechnung nicht berücksichtigt, so dass die Frist erst am Folgetag zu laufen beginnt.[52] Ist die Kündigung von der Zustimmung einer Behörde abhängig, wie z.B. bei schwerbehinderten Menschen oder Schwangeren, beginnt die Frist erst nach Entscheidungsbekanntgabe durch die entsprechende Behörde an den Arbeitnehmer.[53] Die durch das Gesetz vorgeschriebene Fristdauer von drei Wochen soll den Zustand der Schwebe reduzieren, so dass der Arbeitgeber Gewissheit hat, ob die Kündigung durch den Arbeitnehmer akzeptiert wird oder nicht.[54] Erhebt der Arbeitnehmer innerhalb der drei Wochen nach Zugang der Kündigung keine Kündigungsschutzklage, so gilt die Kündigung nach § 7 KSchG als von Anfang an rechtswirksam.

---

[48] *Berkowsky*, Die personen- und verhaltensbedingte Kündigung, S. 7, Rn. 30.
[49] *Linck* in: Arbeitsrechts-Handbuch, § 138. Kündigungsschutzklage, Rn. 1.
[50] *Berkowsky*, Die personen- und verhaltensbedingte Kündigung, S. 19, Rn. 94.
[51] *Linck* in: Arbeitsrechts-Handbuch, § 138. Kündigungsschutzklage, Rn. 16, anders die Rechtslage bis zum 31.12.2003, vgl. BAG 21.6.2000 AP NR. 121 zu § 102 BetrVG 1972=NZA 2001, 271.
[52] *Gallner* in: NomosKommentar Arbeitsrecht, § 4 KSchG, Rn. 125.
[53] *Schmitt* in: Arbeitsrecht, § 4 KSchG, Rn. 1.
[54] *Linck* in: Arbeitsrechts-Handbuch, § 138. Kündigungsschutzklage, Rn. 1.

Der Arbeitnehmer hat die Möglichkeit neben der Kündigungsschutzklage subsidiär eine allgemeine Feststellungsklage nach § 256 ZPO zu erheben. Die Feststellungsklage richtet sich dabei nach dem Fortbestehen des Arbeitsverhältnisses zu unveränderten Bedingungen über den Kündigungstermin hinaus. Im Falle der positiven Feststellungsklage erstrebt der Kläger die Feststellung, dass zwischen den beiden Parteien, dem Arbeitgeber und dem Arbeitnehmer, ein Rechtsverhältnis besteht. Beide Ansprüche des Arbeitnehmers sind selbstständig und dürfen gem. § 260 ZPO miteinander verbunden werden. Die Feststellungsklage ist nur dann zulässig, wenn die Voraussetzung des rechtlichen Interesses an der alsbaldigen Feststellung gegeben ist.[55] Durch den Arbeitnehmer ist ein Tatsachenvortrag zur Möglichkeit weiterer Beendigungsgründe erforderlich.[56] Die Verknüpfung beider prozessualer Ansprüche zwingt den Arbeitnehmer im Falle mehrerer Kündigungen nicht dazu, gegen jede Einzelne unter Berücksichtigung der dreiwöchigen Frist vorzugehen. Sie schützt ihn vor eventuell versteckten Kündigungen und beugt weiteren innerhalb der mündlichen Verhandlung drohenden Kündigungen vor.[57]

3. Abgrenzung einzelner Kündigungsarten

Kündigungen können im gegenseitigen Einvernehmen durch einen Aufhebungs-vertrag[58] oder aber als einseitige Willenserklärung durch den Arbeitgeber oder den Arbeitnehmer erfolgen. Dabei ist zunächst zwischen der ordentlichen und der außerordentlichen Kündigung zu differenzieren.

Liegen Tatsachen vor, aufgrund derer dem Kündigenden unter Berücksichtigung aller Umstände des Einzelfalls und unter Abwägung der Interessen beider Vertragsteile die Fortsetzung des Arbeitsverhältnisses bis zum Ablauf der Kündigungsfrist oder bis hin zur vereinbarten Beendigung des Arbeitsverhältnisses nicht zugemutet werden kann, so kann dieser nach § 626 BGB die fristlose Kündigung aus wichtigem Grund aussprechen.

---

[55] *Zimmermann*, Walter, Klage, Gutachten und Urteil, S. 24, R. 63.
[56] *Kloppenburg* in: Arbeitsrecht, S. 320, Rn. 93.
[57] *Schmitt* in: Arbeitsrecht, § 4 KSchG, Rn. 29.
[58] *Corts* in: Das Arbeitsrecht im BGB, § 620, S. 537, Rn. 13.

Neben der Feststellung der Geeignetheit des wichtigen Grundes muss die Abwägung beider Interessen vorgenommen werden. Diese Interessenabwägung ist unter Berücksichtigung der speziellen Umstände des Einzelfalles und unter Beachtung des Verhältnismäßigkeitsgrundsatzes vorzunehmen.[59] Die Kündigung muss als angemessenes Mittel in Betracht kommen, ohne dass die Nachteile für den gekündigten Arbeitnehmer außerverhältnismäßig sind.[60] Im Sinne der Interessenabwägung setzt die Rechtfertigung der außerordentlichen Kündigung voraus, dass dem Arbeitgeber keines der in Betracht kommenden milderen Mittel, wozu auch eine ordentliche Kündigung zählt, zugemutet werden kann und die außerordentliche Kündigung damit eine unabdingbare letzte Maßnahme, die sogenannte Ultima Ratio, ist.[61] Wie der spätere Verlauf der Arbeit noch aufzeigen wird kommt die fristlose Beendigung des Arbeitsverhältnisses in Ausnahmefällen auch bei vorliegender Krankheit in Betracht.

Im Gegensatz zur außerordentlichen Kündigung fällt die ordentliche Kündigung unter das KSchG und wird im Zuge dessen durch drei Fallkonstellationen gerechtfertigt. Nach § 1 Abs. II KSchG ist eine Kündigung dann sozial gerechtfertigt, wenn sie durch Gründe in der Person des Arbeitnehmers, im Verhalten des Arbeitnehmers oder durch dringende betriebliche Erfordernisse bedingt ist. Die verhaltensbedingte Kündigung und die personenbedingte Kündigung haben den Störungsfaktor auf Seiten des Arbeitnehmers gemeinsam.[62] Wie der Name bereits schlussfolgern lässt, steht bei der verhaltensbedingten Kündigung das Verhalten des Arbeitnehmers in Konflikt zu seinem Arbeitsverhältnis. Nicht jegliches Verhalten, welches gegen die Vorstellungen des Arbeitgebers spricht, stellt jedoch einen Trennungsgrund dar, da sonst der Sinn und Zweck des KSchG ins Leere laufen würde.[63]

Anders als bei der personenbedingten Kündigung steuert der Arbeitnehmer sein Fehlverhalten im Zuge der verhaltensbedingten Kündigung selbst. Das heißt der

---

[59] *Schaumberg*, NJ 2013, 450, 453.
[60] *Wank* in: Münchener Handbuch zum Arbeitsrecht, § 98, Rn. 53.
[61] Zit. nach *Corts* in: Das Arbeitsrecht im BGB, § 626, S.818 , Rn. 39; *Wank* in: Münchener Handbuch zum Arbeitsrecht, § 98, Rn. 53.
[62] *Berkowsky*, Die personen- und verhaltensbedingte Kündigung, S. 109, Rn. 13.
[63] *Berkowsky*, Die personen- und verhaltensbedingte Kündigung, S. 107, Rn. 1.

Arbeitnehmer kann das ihm vorgeworfene Verhalten ändern, wenn er den Willen dazu hat.[64]

Grundsätzlich muss es sich bei dem zur Kündigung berechtigten Verhalten um vertragswidriges Verhalten handeln, mit dem der Arbeitnehmer gegen seine Pflichten verstößt.[65] Die Kündigungsgründe können sich dabei mit denen einer außerordentlichen Kündigung decken, mit dem Unterschied, dass bei dieser erschwerende Umstände hinzukommen.[66] So kann der Konsum von Alkohol am Arbeitsplatz unter den Umständen erheblicher Gefährdung die außerordentliche Kündigung rechtfertigen.[67], Der Arbeitgeber steht i.d.R. in der Pflicht eine alternative Weiterbeschäftigung zu suchen. Eine Weiterbeschäftigung kommt jedoch nur dann in Frage, wenn es sich um Vertragspflichtverletzungen bezogen auf einen Arbeitsplatz handelt, wobei der Arbeitsplatzwechsel dann die Wiederholungsgefahr beseitigen kann.[68] Bestehen keine tarifvertraglichen oder einzelvertraglichen Vereinbarungen hinsichtlich des Alkoholkonsums, so gilt die ordentliche, verhaltensbedingte Kündigung als milderes Mittel.[69]

Auch die personenbedingte Kündigung greift als Mittel bei Vertragsstörungen, die durch den Arbeitnehmer hervorgerufen werden. Sie tut dies jedoch mit dem Unterschied, dass von keiner eigenmächtigen Steuerung des Arbeitnehmers im Hinblick auf die vorliegende Störung ausgegangen werden kann.[70] Somit könnte im Falle des unerlaubten Alkoholkonsums auch diese Kündigungsform in Betracht kommen, vorausgesetzt der Alkoholkonsum ist krankheitsbedingt, so dass der Arbeitnehmer sein Trinkverhalten weder steuern noch beeinflussen kann.[71]

Anders als bei der verhaltensbedingten Kündigung werden dem Arbeitnehmer bei der personenbedingten Kündigung nicht die Verletzung des Arbeitsvertrages durch Pflichtverstöße und auch kein eigenes Verschulden vorgeworfen. Die Abmahnung

---

[64] *Berkowsky*, Die personen- und verhaltensbedingte Kündigung, S. 109, Rn. 14.
[65] *Schaumberg*, NJ 2013, 450, 454.
[66] *Fuchs*, in: Beck'scher OK-BGB, Stand 01.02.2014, § 626 BGB, Rn. 16.
[67] LAG Nürnberg 17.12.2002 – 6 Sa 480/01.
[68] *Fiebig/Zimmermann*, Kündigungsschutzrecht, § 1 KSchG, Rn. 338.
[69] *Fuchs*, in: Beck'scher OK-BGB, Stand 01.02.2014, § 626 BGB, Rn. 17.
[70] *Berkowsky*, Die personen- und verhaltensbedingte Kündigung, S. 109, Rn. 14.
[71] *LAG Köln*, 17.5.2010 - 5 Sa 1072/09.

verfehlt dabei nachvollziehbarerweise den Zweck ihrer Warnfunktion, da sich an der Tatsache, dass der Arbeitnehmer die störenden Umstände nicht eigenmächtig steuern kann, auch dann nichts ändern wird, wenn man ihm eine Kündigung androht.[72] Ganz anders sieht es dagegen bei der verhaltensbedingten Kündigung aus, die regelmäßig eine Abmahnung voraussetzt.[73] Der Arbeitnehmer bekommt die Chance, bestimmte vertragswidrige Verhaltensweisen einzustellen und wird durch seinen Arbeitgeber über die Gefährdung des Arbeitsverhältnisses im Falle einer Wiederholung in Kenntnis gesetzt.[74]

Keine Abmahnung ist im Vorfeld einer betriebsbedingten Kündigung auszusprechen. Anders als bei den zuvor aufgeführten Formen der ordentlichen Kündigung liegt der Störfaktor bei dieser dritten Kündigungsform nicht beim Arbeitnehmer, sondern allein im betrieblichen Rahmen.[75] Die Gründe der Kündigung sind nicht auf das Verhalten oder die Person des Arbeitnehmers zurückzuführen, sondern die Problematik liegt darin, dass die Arbeit schlichtweg weggefallen ist. Wirtschaftliche, technische oder organisatorische Gegebenheiten erfordern als Konsequenz den Abbau des Personalbestandes.[76] Mit dem zuletzt in Betracht zu ziehenden Mittel, der betriebsbedingten Kündigung, kann der Arbeitgeber dem Wegfall von Beschäftigungs- möglichkeiten, was z.B. durch schwerwiegenden Auftragsverlust bedingt sein kann[77], durch Personalbedarfsanpassung entgegenwirken.[78] Davon ist auszugehen, wenn die Anzahl der zur Leistungserbringung verpflichteten Arbeitnehmer höher ist als die vorhandene Arbeit.[79] Der Arbeitgeber steht in der Pflicht, eine ordnungsgemäße Sozialauswahl durchzuführen und sich zunächst von denjenigen Mitarbeitern zu trennen, deren soziale Schutzwürdigkeit am niedrigsten ist.[80]

---

[72] Berkowsy, NZA-RR 2001, 393, 394; *Mohnke* in: StichwortKommentar Arbeitsrecht, Kündigung personenbedingte, Rn. 4.
[73] *BAG* NZA 2010, 823.
[74] *Schaumberg*, NJ 2013, 450, 453.
[75] *Berkowsky*, Die personen- und verhaltensbedingte Kündigung, S. 109, Rn. 13; *Hergenröder* in: Münchener Kommentar zum BGB, § 1 KSchG, Rn. 124.
[76] *Heyn* in: Teilzeit- und Befristungsgesetz, § 11 TzBfG, Rn. 11.
[77] *Schaumberg*, NJ 2013, 450, 454.
[78] *Weizenegger* in: BAT/BAT-O, Vorbemerkungen zu §§ 53–55 BAT/-O, Rn. 284.
[79] *Oetker* in: Erfurter Kommentar zum Arbeitsrecht, § 1 KSchG, Rn. 217.
[80] *Kiel* in: Kündigungsrecht, § 1 KSchG, Rn. 442.

Die Abgrenzung zeigt, dass letztendlich zwei Arten der Kündigung dann greifen, wenn sich der Arbeitnehmer schuldlos in einer Lage befindet, die durch ihn selbst nicht beeinflusst werden kann. Die machtlose Position des Arbeitnehmers, sich in einem für das Unternehmen nicht tragbaren Zustand zu befinden, ist für beide Parteien äußerst unbefriedigend und unangenehm. Aus wirtschaftlichen Gesichtspunkten ist es für den Arbeitgeber jedoch zwingend notwendig, betriebliche Störungen zu beseitigen, um somit Unternehmensschäden entgegenwirken zu können.

C. Die krankheitsbedingte Kündigung als Unterfall der personenbedingten Kündigung

Die Sicherheit, einen Mitarbeiter von Beginn seiner Berufsausbildung bis hin zum Rentenalter beschäftigen zu können, bleibt leider vielen Arbeitgebern verwehrt. Wirtschaftliche sowie persönlich bedingte Faktoren tragen zu einer Fluktuation bei und speziell rechtliche Gegebenheiten bedingen heutzutage einen Arbeitsplatzwechsel. Ein häufiger Grund, welcher zur Beendigung oder zumindest zur Beeinträchtigung des Arbeitsverhältnisses führt, ist die gesundheitliche Einschränkung eines Arbeitnehmers.

Das statistische Bundesamt zeigt in einer Datenerhebung, dass der Krankenstand in Deutschland im Zeitraum von 2007 bis 2011 stetig gewachsen ist.[81] War der Arbeitnehmer im Jahr 2007 noch durchschnittlich 7,9 Tage krankheitsbedingt abwesend, so belief sich die Zahl im Jahr 2011 dagegen bereits auf 9,5 Tage. Nicht außer Acht gelassen werden darf dabei die Tatsache, dass zur Berechnung des Krankenstands nur Krankmeldungen erfasst werden, die eine Abwesenheit von drei Tagen überschreiten. Dies also bedeutet, dass die Anzahl berechneter Krankheitstage ansonsten deutlich höher ausfiele. Auch die vergangenen zwei Jahre lassen auf keine Reduzierung der krankheitsbedingten Fehltage schließen. Im Gegenteil, folgt man den zahlrechen Meldungen diverser Krankenkassen, ist in der Entwicklung von einem weiteren Anstieg auszugehen. Die häufigsten Krankheitsarten, die Fehlzeiten verursachen, sind dabei Muskelerkrankungen, akute Verletzungen, Atemwegs-erkrankungen, Herz- und Kreislauferkrankungen sowie psychische Erkrankungen.[82]

Jeder krankheitsbedingte Fehltag bedeutet, dass der Arbeitnehmer seiner Pflicht der Leistungserbringung nicht nachkommen kann, was für den Arbeitgeber auf das Jahr gerechnet erhebliche, wirtschaftliche Einbußen bedeutet. Dieser Umstand erklärt, dass es sich bei der Kündigung wegen Krankheit um den Hauptanwendungsfall der personenbedingten Kündigung handelt.[83]

---

[81] *Statistisches Bundesamt*, Krankenstand.
[82] *Badura/Schellschmidt/Vetter,* Fehlzeiten-Report 2006, S. 240.
[83] *Berkowsky*, Die personen- und verhaltensbedingte Kündigung, S. 61, Rn. 17, 18.

Eine in der Praxis weit verbreitete Annahme besagt, dass das Arbeitsverhältnis während der Krankheit des Arbeitnehmers nicht durch eine Kündigung beendet werden darf.[84] Dem ist jedoch entgegenzuhalten, dass keine gesetzliche Norm existiert, die gleiches wiedergibt.[85] Würde die Krankheit tatsächlich einer Kündigungserklärung entgegenstehen, so befände sich der Arbeitnehmer in einer Art absolutem Schutzbereich, welcher sozusagen einem „Freifahrtschein" gleichkäme. Der Arbeitgeber hätte keinerlei Handlungsspielraum und müsste jegliches Handeln des Arbeitnehmers während seiner Krankphase schlichtweg akzeptieren. Auch das LAG Kiel hat diesbezüglich bestätigt, dass sich der Betrieb aufgrund des KSchG keine Aufgaben der Wohlfahrt zuzuweisen hat.[86] Der Ausspruch einer Kündigung ist somit entgegen der Annahme während einer krankheitsbedingten Arbeitsunfähigkeit nicht sozialwidrig.[87]

I. Krankheit als Kündigungsgrund

Erkrankt der Arbeitnehmer, erbringt aber dennoch die geschuldete Leistung ohne jegliche Einschränkungen, so steht für den Arbeitgeber eine Entlassung nicht zur Diskussion.[88] Aber auch im Falle krankheitsbedingter Nicht- oder Schlechtleistung kann der Arbeitgeber die Kündigung nicht allein mit der Krankheit als Begründung sozial rechtfertigen.[89] Der eigentliche Kündigungsgrund liegt nämlich nicht in der Krankheit als solche, sondern in der Nichterfüllung vertraglicher Verpflichtungen und der daraus resultierenden Beeinträchtigungen wirtschaftlicher Belange des Arbeitgebers.[90] Aus diesem Grund ist zu überlegen, warum die Thematik der krankheitsbedingten Kündigung überhaupt als separater Sonderfall personenbedingter Kündigungen behandelt wird, da für anderweitige fehlzeitenbedingte Kündigungen z.B. wegen Leisten des Wehrdienstes oder Kinderbetreuung gleiche Grundsätze gelten müssten, für die ebenfalls nicht der Grund der Fehlzeit im Vordergrund steht, sondern die

---

[84] *Kunz/Wedde*, EFZR, § 8 EFZR, Rn. 3.
[85] *Lepke*, Kündigung bei Krankheit, S. 89, Rn. 106.
[86] *Denck*, JuS 1978, 159.
[87] BAG 06.12.1976 - 2 AZR 470/75; *Berkowsky* in: Münchener Handbuch zum Arbeitsrecht, § 115 Personenbedingte Kündigung, Rn. 13.
[88] *Dörner/Vossen* in: Kündigungsrecht, § 1 KSchG, Rn. 136.
[89] *Berkowsky* in: Münchener Handbuch zum Arbeitsrecht, § 115, Rn. 12.
[90] BAG NJW 1990, 597; *BAG* NZA 1991, 806; *BAG* NZA 1992, 1076.

Fehlzeit als solche.[91] Trotz einer übereinstimmenden Prüfungsweise werden die Fälle krankheitsbedingter Kündigungen in der Literatur jedoch gesondert behandelt.

Vielleicht ist dieser Umstand lediglich darauf zurückzuführen, dass die Krankheit als Ursache für betriebliche Beeinträchtigungen der häufigste Grund personenbedingter Kündigungen ist.[92] Obwohl dem Begriff der Krankheit damit eine zentrale Bedeutung zukommt, ist er im Gesetz nicht eindeutig definiert[93] und muss zunächst im medizinischen Sinne verstanden werden.

II.   Der Krankheitsbegriff

Krankheit ist im medizinischen Sinne ein Zustand, in welchem eine Beeinträchtigung oder Störung des körperlichen oder seelisch-geistigen Leistungsvermögens infolge von Schädigung oder Veränderung vorliegt.[94] Von einer Störung oder Beeinträchtigung ist auszugehen, wenn ein derartiger Zustand im Lebenslauf gleichaltriger Menschen mit gleichem Geschlecht nicht zu erwarten ist.[95] Der regelwidrige Körper- oder Geisteszustand muss durch medizinische Symptome feststellbar sein.[96] Die Krankheit zieht dann eine notwendige Heilbehandlung nach sich, welche die Verhinderung einer Verschlimmerung bzw. eine vollständige Genesung beabsichtigt.[97] Demzufolge fallen auch Suchtkrankheiten wie Nikotinabhängigkeit, Drogensucht oder Alkoholismus unter den Begriff der Krankheit.[98] Das LSG Stuttgart fasst den Begriff weiter und versteht sogar Transsexualität darunter[99], was jedoch (Gott sei Dank) nicht der herrschenden Meinung entspricht[100].

---

[91] *Berkowsky*, NZA-RR 2001, 393, 395.
[92] *Dörner/Vossen* in: Kündigungsrecht, § 1 KSchG, Rn. 136.
[93] *Reinecke*, DB 1998, 130.
[94] BAG 14.1.1972 - 5 AZR 264/71 - AP Nr. 12 zu § 1 LohnFG.
[95] *Oetker* in: Erfurter Kommentar zum Arbeitsrecht, § 1 KSchG, Rn. 112.
[96] *Sievers* in: NomosKommentar Arbeitsrecht, § 3 EFZG, Rn. 22.
[97] BAG 5.4.1976 - 5 AZR 397/75; *Dörner/Vossen* in: Kündigungsrecht, § 1 KSchG, Rn. 135.
[98] *Hergenröder* in: Münchener Kommentar zum BGB, § 1 KSchG, Rn. 137.
[99] LSG Stuttgart 27.11.1981 – L 4 Kr 483/80.
[100] EuGH EAS Richtl. 2000/78/EG Art. 1 Nr. 3; Domröse NZA 2006, 1320.

Die Ursachen einer Krankheit können z.B. Veranlagung, Geburtsfehler, Ansteckung oder Umwelteinflüsse sein, auf die es jedoch in Zusammenhang mit dem Begriff der Krankheit allgemein nicht ankommt.[101]

Folgt man nun der Rechtsprechung des BSG, so ist die Konsequenz einer Krankheit die Arbeitsunfähigkeit.[102] Der medizinische Krankheitsbegriff kann somit nicht konform zum arbeits- und sozialrechtlichen Verständnis von Krankheit gesehen werden[103], da die Krankheit im Bereich des Arbeitsrechts erst dann Relevanz hat, wenn der Arbeitnehmer so weit eingeschränkt ist, dass er seiner Arbeit nicht mehr im Umfang seiner Leistungsschuld nachkommen kann und seine vertraglichen Verpflichtungen nicht mehr erfüllt. Nicht alle Arbeitnehmer, die unter gesundheitlichen Beeinträchtigungen leiden, sind jedoch arbeitsunfähig. Leichter Schnupfen oder harmlose Prellungen werden den Arbeitnehmer i.d.R. wohl kaum in seiner Arbeitsfähigkeit einschränken.[104]

Die Art der gesundheitlichen Beeinträchtigung muss ins Verhältnis zur geschuldeten Leistung gesetzt werden, da sich ein bestimmtes Krankheitsbild je nach Anforderungsbereich unterschiedlich auf die Beurteilung der Arbeitsfähigkeit auswirken kann. Ein Bauarbeiter ist im Falle einer orthopädischen Gelenkverletzung in seiner Fähigkeit der Arbeitsleistung sicherlich erheblich eingeschränkter als ein kaufmännischer Angestellter, der ohne körperliche Anstrengung seinem Bürojob nachgeht.

Die Feststellung, ob von einer krankheitsbedingten Arbeitsunfähigkeit ausgegangen werden kann, liegt allein im Verantwortungsbereich des Arztes. Dieser hat unter Berücksichtigung der Tätigkeitsanforderung des Arbeitnehmers und seiner entsprechenden gesundheitlichen Beeinträchtigung abzuwägen, ob der Betroffene

---

[101] Linck in: Arbeitsrecht-Handbuch § 98 Entgeltfortzahlung im Krankheitsfall, Rn. 11-13; Preis, Arbeitsrecht, § 46 II 3a.
[102] *BSG* 16.12.1981-GS 4/78-BSGE 53, 22, 27.
[103] Bufalica/Braun/Roos in: NomosKommentar Arbeitsrecht, § 1 KSchG, Rn. 68; *Rolfs* in: Beck'scher OK Arbeitsrecht, § 1 KSchG, Rn. 160.
[104] *Neuhaus*, Berufsunfähigkeitsversicherung, Rn. 171.

seiner Leistungserfüllung weiterhin nachkommen kann oder eingeschränkt ist.[105] Für die Feststellung der Arbeitsunfähigkeit besteht nicht die Voraussetzung, dass es dem Arbeitnehmer unmöglich ist, seiner Arbeit nachzugehen, sondern ausreichend ist die Empfehlung des Arztes über die bloße Arbeitsfernhaltung.[106]

Ist der Arbeitnehmer aufgrund seiner Krankheit nur in der Verfassung, Teilarbeit zu leisten, so ist er i.S. des Gesetzes gleichwohl als arbeitsunfähig zu sehen.[107] Der Arbeitnehmer kann schließlich im Rahmen seiner Teilarbeit, die vertraglich geschuldete Leistung nicht mehr erbringen und ihm bleibt nur die Möglichkeit dem Arbeitgeber eine andere Arbeit als die vertraglich vereinbarte Arbeit anbieten. Der Arbeitgeber ist nach § 266 BGB im Zuge dessen nicht dazu verpflichtet, dieses eingeschränkte Angebot der Arbeitsleistung anzunehmen.

III. Die Fallgruppen krankheitsbedingter Kündigung

Die Rechtsprechung unterscheidet vier Fallgruppen der krankheitsbedingten Kündigung. Im Hinblick auf die soziale Rechtfertigung werden alle Kündigungsgruppen, wie jede andere personenbedingte Kündigung auch, auf die gleiche Weise mittels eines dreistufigen Schemas geprüft.[108] Da die Schwerpunkte der entsprechenden Prüfungsstufen bei den einzelnen Fallgruppen jedoch unterschiedlich gesetzt sind, werden sie getrennt voneinander vorgestellt.

Problematisch bei der Thematik der krankheitsbedingten Kündigungen ist, dass viele Regelungen nicht dem Gesetz zu entnehmen sind, sondern der Rechtsprechung und der Literatur vorbehalten sind.[109] Trotz der hohen Praxisrelevanz gibt es darüber hinaus Regelungslücken, die auch durch die Literatur zu keiner einheitlichen Lösung gelangen. Dazu zählen die Beurteilungsmaßstäbe, die zur Begründung einer Kündigung wegen Krankheit maßgeblich sein sollten, deren Grundsätze aber in keiner

---

[105] BAG NZA 1999, 33, 35; Feichtinger in: EFZG, § 3 EFZG, Rn. 28; *Reinecke*, DB 1998, 130, 132.
[106] *Lepke*, Kündigung bei Krankheit, S. 68, Rn. 82.
[107] *Glaser* in: Münchener Anwaltshandbuch Arbeitsrecht, § 24 Entgelt bei Leistungsstörungen, Rn. 20.
[108] *BAG* NZA 1989, 923.
[109] *Hummel,* Krankheit und Kündigung, S. 5.

Form festgeschrieben sind. Daraus lässt sich schlussfolgern, dass es sich bei jeder Kündigung wegen Krankheit um eine Einzelfallbetrachtung handeln muss.

Für alle Formen der krankheitsbedingten Kündigung gilt die Beteiligung des Betriebs- bzw. Personalrates nach § 102 BetrVG. Demnach hat der Arbeitgeber den Betriebsrat über die Gründe der Kündigung zu informieren und dabei ist es nicht ausreichend, wenn er lediglich eine pauschale stichwortartige Umschreibung in den Raum wirft.[110]

In den Fällen krankheitsbedingter Kündigung wird zwischen häufigen Kurzerkran- kungen, langandauernden Erkrankungen, dauernder Leistungsunfähigkeit sowie krankheitsbedingter Leistungsminderung unterschieden.

1.   Häufige Kurzerkrankungen

Die Kündigung wegen häufiger Kurzerkrankungen stellt den bedeutendsten Fall einer krankheitsbedingten Kündigung dar.[111] Charakteristisch für diese Fallgruppe ist, dass der Arbeitnehmer innerhalb eines bestimmten Zeitraumes immer wieder für kurze Dauer arbeitsunfähig erkrankt. Addiert man die entsprechenden Fehltage, so lässt sich eine stark ins Gewicht fallende Krankenquote des Arbeitnehmers feststellen. Trotz der Fürsorgepflicht des Arbeitgebers, ist dieser nicht dazu verpflichtet, das langfristig entstehende Ausmaß der Fehlzeiten des Arbeitnehmers hinzunehmen. Obwohl der Arbeitgeber im Zwiespalt zwischen der Rücksichtnahme gegenüber seinem erkrankten Arbeitnehmer und der Fortführung der Produktion steht, muss er jedoch oberste Priorität auf die Berücksichtigung betrieblicher Interessen legen. Schon alleine aus Rücksichtnahme auf die anderen im Betrieb angestellten Arbeitnehmer ist häufiges Fehlen einer bestimmten Arbeitskraft und die daraus resultierende Nichterfüllung der Arbeitsleistung nicht zu tolerieren. Als Konsequenz der fehlenden Leistungserbringung wird zum einen Mehrarbeit für die Kolleginnen und Kollegen anfallen, zum anderen muss davon ausgegangen werden, dass Aufträge nicht rechtzeitig fertiggestellt werden können, was erhebliche wirtschaftliche Folgen haben kann. Überspitzt gesagt, würde

---

[110] *Thüsing* in: Kündigungsschutzgesetz, § 102 BetrVG, S. 1027, Rn. 27.
[111] *Fleddermann* in: Prozesse in Arbeitssachen, § 7 Die Änderung und Beendigung des Arbeitsverhältnisses, Rn. 111.

der Arbeitgeber das Unternehmen mit dem Dulden häufig anfallender Fehlzeiten in den Ruin treiben.

Es ist nachvollziehbar, dass der Arbeitgeber die Fehlzeiten seiner Mitarbeiter kontrollieren sollte, um bei gravierendem Ausmaß Konsequenzen einleiten zu können. Wann konkret von einem solchen gravierenden Ausmaß bzw. dem Überschreiten der Toleranzgrenze auszugehen ist, bleibt jedoch unklar. Dabei stellt sich nicht nur die Frage nach den Fehltagen an sich, sondern auch nach der Konkretisierung des Zeitraums, über den hinweg betrachtet die Fehltage zu beobachten und zu addieren sind. So ist ein jahrelanger Mitarbeiter, der zuvor niemals durch Arbeitsversäumnis aufgefallen und seiner Arbeit stets nachgekommen ist, jedoch plötzlich ein halbes Jahr lang von ständigen Kurzerkrankungen geplagt ist, sicherlich anders einzustufen als ein Mitarbeiter, dessen häufige Kurzerkrankungen sich von Anfang an regelmäßig über die Dauer mehrerer Jahre hinziehen.

Da im Hinblick auf die Kündigung kein Fall mit dem anderen verglichen werden kann und grundsätzlich individuelle Umstände zu einer Entscheidungsfindung beitragen, wird das Verallgemeinern von Maßstäben dem Einzelfall nicht gerecht. Aus diesem Grund muss bei jedem vorliegenden Sachverhalt individuell das dreistufige Prüfungsverfahren angewandt werden.

a)   Negative Zukunftsprognose

Die Prüfungsstufe der negativen Zukunftsprognose beinhaltet die Darlegung über die Vermutung, dass weiterhin mit Fehlzeiten des Arbeitnehmers zu rechnen ist.[112] Es ist dann davon auszugehen, dass der Betroffene seiner Arbeitsleistung in Zukunft nicht mehr in dem von ihm zu erwartenden Maße nachkommen wird.[113] Die Beurteilung der negativen Gesundheitsprognose basiert auf den Krankheitstagen, die in der Vergangenheit zu verzeichnen sind.[114] Sie können indizieren, dass keine Verbesserung

---

[112] Michels in: Beck'sches Rechtsanwalts-Handbuch, § 8 Kündigungsschutzprozess, Rn. 111.
[113] *Mayer* in: FormularBibliothek Zivilprozess, § 2 Gerichtliche Verfahren 1. Instanz, Rn. 495.
[114] *Fleddermann* in: Prozesse in Arbeitssachen, § 7 Die Änderung und Beendigung des Arbeitsverhältnisses, Rn. 112.

der gesundheitlichen Situation des Arbeitnehmers zu mutmaßen ist, wobei man daher auch von einer Indizwirkung[115] spricht.

Es ist nicht entscheidend, ob die Kurzzeiterkrankungen unmittelbar vor der Kündigung aufgetreten sind oder bereits zwei oder sogar drei Jahre zuvor vorlagen.[116] Die negative Gesundheitsprognose setzt ebenso wenig voraus, dass die häufigen Fehlzeiten regelmäßig in einem festen Zeitraum entstanden sind. Liegt beispielsweise ein Jahr vor, welches durch häufige Krankheitstage gekennzeichnet ist und folgt daraufhin ein hinsichtlich der Fehlquote „unauffälliges" Jahr, so kann eine wiederum erhöhte Anzahl der Fehlzeiten im dritten Jahr die negative Prognose dennoch rechtfertigen.[117] Die frühere Entscheidung des BAG[118], in der es hieß, dass der Verlauf der Fehlzeiten im Hinblick auf steigende, gleichbleibende oder sinkende Arbeitsphasen sowie der zeitliche Abstand zwischen den Krankheitsphasen von Bedeutung ist, wurde somit aus Sicht des Arbeitgebers gelockert.

Ein fester Grenzwert, bei dessen Überschreitung von einer krankheitsbedingten oder besser gesagt einer fehlzeitbedingten Kündigung auszugehen ist, wurde dennoch bisher von der Rechtsprechung nicht konkretisiert.[119] Innerhalb der letzten Jahre hat sich aber allgemein gezeigt, dass eine Fehlquote, die über einen Zeitraum von mehreren Monaten zwischen 15 und 20 % liegt, grundsätzlich eine Kündigung rechtfertigen kann.[120] Ergänzend ist nach Auffassung des LAG Hamm, eine Fehlquote unter 12-14% der jährlichen Arbeitszeit noch nicht ausreichend für die Durchsetzbarkeit einer Kündigung.[121] In Bezug auf die entsprechende Zeitspanne, in der sich die Fehlzeiten aufgebaut haben, ist nach h.M. auf einen Zeitraum von mindestens zwei Jahren abzustellen, bevor der Arbeitgeber die Kündigung aussprechen kann.[122]

---

[115] *Mayer* in: FormularBibliothek Zivilprozess, § 2 Gerichtliche Verfahren 1. Instanz, Rn. 502.
[116] *Herms*, Die Kündigung, S. 94.
[117] *BAG* 10.11.2005 – 2 AZR 44/05 – NZA 2006, 655.
[118] *BAG* BB 1990, 553, 554, NZA 1990, 434, 436.
[119] *BAG* BB 1990, 553, 554, NZA 1990, 434, 436.
[120] *Michels* in: Beck'sches Rechtsanwalts-Handbuch, § 8 Kündigungsschutzprozess, Rn. 111.
[121] *LAG Hamm* 4.12.1996 – 2 Sa 511/96 - LAGE § 1 KSchG Krankheit Nr. 26.
[122] *LAG Hamm* 4.12.1996 – 2 Sa 511/96 – LAGE § 1 KSchG Krankheit Nr. 26; anders dagegen: *BAG*, 19.05.1993 - 2 AZR 539/92.

Das Verhalten zwischen der Indizwirkung und den in der Vergangenheit liegenden Krankheitstagen wird durch die Literatur richtigerweise kritisiert.[123] Da der Arbeitgeber i.d.R. keine Kenntnis über die Ursache der jeweiligen Arbeitsunfähigkeit hat, kann nicht ausschließlich auf die verbuchten Fehltage als solche abgestellt werden. Von einer negativen Gesundheitsprognose ist folglich erst dann wirklich auszugehen, wenn ein Zusammenhang zwischen den häufig aufkommenden Kurzerkrankungen besteht. Außer im Falle von chronischen Krankheiten ist ein Zusammenhang der Erkrankungsursachen nicht immer eindeutig feststellbar. Konkrete Folgerungen können im Hinblick auf die Negativprognose erst dann zum Tragen kommen, wenn der Arbeitgeber die Dauer, die Ursachen und die Arten der Krankheiten des Arbeitnehmers im Zusammenhang betrachtet.

Ist dem Arbeitgeber bekannt, dass die aufgetretene Kurzzeiterkrankung auf ein einmaliges Geschehnis, wie z.B. einen Arbeitsunfall zurückzuführen ist[124] oder die krankheitsbedingte Ursache der Fehlzeiten bereits ausgeheilt ist, was auch bei chronischen Krankheiten der Fall sein kann[125], so scheitert die negative Prognose. Der Arbeitnehmer ist i.d.R. nicht dazu verpflichtet, den Arbeitgeber über die Diagnose und die Erkrankungsursache zu informieren.[126] Im Falle eines Prozesses hat der erkrankte Mitarbeiter jedoch darzulegen, aus welchen Gründen von einer baldigen Genesung auszugehen ist.[127] Kann er von diesem baldig eintreffenden Zustand der Genesung ausgehen, so gestaltet es sich vorteilhaft, die behandelnden Ärzte von der Schweigepflicht zu befreien.[128] Ist der Arbeitnehmer nicht in der Lage - weder durch ärztliche Diagnose noch durch eigene Argumentation - die Indizwirkung entkräften zu können, so ist von einem Zugeständnis nach § 138 III ZPO auszugehen. In diesem Fall gilt die Negativprognose als begründet und die zweite Stufe der Kündigungsprüfung muss hinzugezogen werden.

---

[123] *Berkowsky*, Die personen- und verhaltensbedingte Kündigung, S. 70, Rn. 69.
[124] *BAG* NZA 1994, 309, 310.
[125] *Knauf*, Die personenbedingte Kündigung wegen Krankheit, S. 37.
[126] *BAG*, 25.11.1982 – 2 AZR 140/81.
[127] *Mayer* in: FormularBibliothek Zivilprozess, § 2 Gerichtliche Verfahren 1. Instanz, Rn. 502.
[128] *BAG*, 1.3.2007 – 2 AZR 217/06; *Hamann*, Die Kündigung wegen häufiger Kurzerkrankungen, S. 54.

Kann die Negativprognose durch den Arbeitgeber nicht gerechtfertigt werden, so ist die Durchsetzbarkeit der personenbedingten Kündigung wegen häufiger Kurzerkrankungen grundsätzlich ausgeschlossen.

b)   Erhebliche Beeinträchtigung betrieblicher Interessen

Neben der negativen Gesundheitsprognose müssen die betrieblichen Interessen durch die krankheitsbedingten Fehlzeiten des Arbeitnehmers erheblich beeinträchtigt sein. Eine reine Gefährdung ist dabei nicht ausreichend, da konkret und tatsächlich ein Störungsverhältnis vorliegen muss.[129] Kann der Arbeitgeber erhebliche Fehlzeiten prognostizieren, so sind daraus nicht gleichzeitig betriebliche Beeinträchtigungen zu schlussfolgern.[130] Auch, wenn beide Tatbestandsvoraussetzungen in Zusammenhang zueinander stehen müssen sie dennoch separat geprüft werden.

Die Beeinträchtigung betrieblicher Interessen kann auf zweierlei Weise entstehen und sich vielseitig im Unternehmen bemerkbar machen. Zunächst kann es durch häufige Kurzerkrankungen und die daraus resultierende fehlende Arbeitskraft zu betrieblichen Störungen des Produktionsablaufs kommen. Diese Störungen können sich im Stillstand von Maschinen oder aber im Produktionsrückgang zeigen.[131] Selbst, wenn Kollegen und Kolleginnen die Arbeit des erkrankten Mitarbeiters übernehmen, ist davon auszugehen, dass es dafür dann an anderer Stelle zu Engpässen kommt. Ebenso ist die Einarbeitung von Personal zur kurzfristigen Übernahme von Aufgaben zeitaufwendig und verlangt die entsprechenden Ressourcen. Steht ein Mitarbeiter langfristig unter dem Druck, die eigenen Aufgaben sowie auch zusätzlich liegengebliebene Aufgaben zu bewältigen, so ist auch hier im schlimmsten Fall eine gesundheitliche Beeinträchtigung irgendwann vorprogrammiert. Zur Vermeidung derartiger Beeinträchtigungen bietet sich der Einsatz von Springern als Lösung an. Da ein Springer jedoch umfangreiche Kenntnisse erlangen muss, um ein möglichst breit gefächertes Fachgebiet abdecken zu können, gestaltet sich diese Maßnahme als

---

[129] *Gallner* in: Kündigungsschutzrecht, § 1 KSchG, Rn. 476.
[130] *Berkowsky* in: Münchener Handbuch zum Arbeitsrecht, § 115 Personenbedingte Kündigung, Rn. 29.
[131] *Fleddermann* in: Prozesse in Arbeitssachen, § 7 Die Änderung und Beendigung des Arbeitsverhältnisses, Rn. 116.

kostspielig. Daher ist der Arbeitgeber auch nicht dazu verpflichtet, Springer als Personalreserve zur Verfügung zu stellen.[132]

Die erhebliche betriebliche Beeinträchtigung erfordert, dass Fehlzeiten deutlich über das Maß vorhersehbarer Fehlzeiten, wozu Urlaubstage, üblich anfallende Krankheitstage oder Abwesenheit für Fortbildungsmaßnahmen zählen, hinausgehen.[133] Dabei kommt es nicht vorrangig auf die Fehlzeiten an sich an, sondern auf die daraus entstehenden Beeinträchtigungen. Dies würde jedoch bedeuten, dass eine leicht zu vertretende Stelle, sei es aufgrund von geringer körperlicher, geistiger oder zeitlicher Anforderung, ein höheres Maß an Fehlzeiten erlauben würde, als eine Stelle, deren Vertretung einen hohen Grad an Organisation verlangt. Man könnte davon ausgehen, dass eine Teilzeitkraft trotz häufiger Kurzerkrankungen nicht so schnell mit einer personenbedingten Kündigung rechnen müsste wie eine Vollzeitkraft, da sich die anfallenden Aufgaben der Teilzeitkraft leichter auf andere Mitarbeiter verteilen ließen. Aus betrieblicher Sicht scheint die Fokussierung der krankheitsbedingten Auswirkungen sicherlich logisch nachvollziehbar, betrachtet man jedoch den einzelnen Arbeitnehmer, so scheint es nicht gerecht zu sein, die Toleranzgrenze der Fehlzeiten anhand eines Stellenprofils zu messen.

Im Streitfall ist es die Pflicht des Arbeitgebers, erhebliche betriebliche Beeinträchtigungen zu beweisen.[134] Er muss konkret belegen können, inwiefern die Beeinträchtigungen über das ihm zumutbare Maß hinausgehen.

Die zweite in Betracht kommende Möglichkeit einer erheblichen betrieblichen Beeinträchtigung ist die wirtschaftliche Belastung erheblicher Entgeltfortzahlungskosten. Das BAG ist der Auffassung, dass bereits zu erwartende Entgeltfortzahlungszeiträume von mehr als sechs Wochen im Jahr, den Betrieb wirtschaftlich beeinträchtigen können.[135] Kosten, die auf Fehlzeiten von bis zu sechs Wochen anfallen, sind dagegen „die vom Arbeitgeber hinzunehmende

---

[132] *BAG* 29.7.1993 AP Nr. 27 zu § 1 KSchG 1969 Krankheit - NZA 92, 166.
[133] *Berkowsky*, NZA-RR 2001, 393, 397.
[134] *Linck* in: Arbeitsrechts-Handbuch, § 131. Personenbedingte Kündigung, Rn. 39.
[135] *BAG* 10.11.2000 – 2 AZR 44/05 – NZA 2006, 655.

Mindestgrenze".[136] In Ausnahmefällen kann eine krankheitsbedingte Kündigung auch bei einer Entgeltfortzahlung von weniger als sechs Wochen begründet sein, wenn weitere Störungen des Betriebsablaufs kumulativ hinzukommen.[137] Gerade im Bereich der häufigen Kurzerkrankungen stellt sich in diesem Zusammenhang die Frage, wann der Arbeitnehmer die Entgeltfortzahlungsgrenze von sechs Wochen erfüllt, ohne den Zeitraum durchgehend am Stück arbeitsunfähig zu sein. Eine Regelung, die dem Arbeitgeber nicht die Möglichkeit gäbe, einzelne Fehltage zu addieren, würde bedeuten, dass der Arbeitnehmer niemals die Gefahr erlebt, sich außerhalb der Entgeltfortzahlung zu befinden.

Wird der Arbeitnehmer erneut wegen der gleichen Krankheit arbeitsunfähig, so kann er trotzdem seinen Anspruch auf die vollständige sechswöchige Entgeltfortzahlung behalten. Die Voraussetzung dafür ist gem. § 3 EFZG, dass vor der erneuten Fehlzeit über einen Zeitraum von mindestens sechs Monaten keine Arbeitsunfähigkeit aufgrund der gleichen Krankheit vorlag oder seit Beginn der ersten Arbeitsunfähigkeit eine Zeitdauer von 12 Monaten abgelaufen ist. Somit kann durch Verstreichen der entsprechenden Zeit oder durch den Eintritt einer anderweitigen Krankheit ein neuer Entgeltfortzahlungsanspruch ausgelöst werden.[138] Befindet sich der Arbeitnehmer dagegen außerhalb der Entgeltfortzahlung, so ist dieser Zeitraum im Hinblick auf die wirtschaftlichen Beeinträchtigungen nicht zu berücksichtigen, da der Arbeitgeber nicht in der Entgeltfortzahlungspflicht steht und damit rein auf das Entgelt bezogen keinerlei Aufwendungen hat.[139]

Die Berücksichtigung der Entgeltfortzahlungskosten in Zusammenhang mit den Voraussetzungen einer krankheitsbedingten Kündigung wird in der Literatur stark kritisiert.[140] Es erscheint widersprüchlich, dem Arbeitnehmer gesetzlich den Anspruch einzuräumen, seine Vergütung im Krankheitsfall auch über die sechswöchige Frist hinaus zu beziehen und gleichermaßen diese Überschreitung der sechs Wochen

---

[136] *Berkowsky*, NZA-RR 2001, 393, 398.
[137] *BAG* NZA 1990, 434, 436.
[138] *Berkowsky*, NZA-RR 2001, 393, 398.
[139] *BAG* 7.12.1989 – 2 AZR 225/89 – EzA § 1 KSchG Krankheit Nr. 30.
[140] *Berkowsky*, Die personen- und verhaltensbedingte Kündigung, S. 72, Rn. 76 ff.; *Berkowsky* in: Münchener Handbuch zum Arbeitsrecht, § 115 Personenbedingte Kündigung, Rn. 38.; *Popp*, DB 1986, 1461; *Preis*, DB 1988, 1444.

Entgeltfortzahlung als so wirtschaftlich beeinträchtigend zu sehen, dass der Arbeitgeber die Kündigung auf diesen Umstand stützen kann. Die hier durch die Rechtsprechung des BAG entwickelte Entscheidungsgrundlage[141] ist sicherlich ein schmaler Grad, da der Arbeitnehmer unverschuldet in die Arbeitsunfähigkeit gerät, im Zuge dessen lediglich seine gesetzlichen Rechte in Anspruch nimmt und dabei um seinen Arbeitsplatz bangen muss. Der erkrankte Arbeitnehmer erfährt eine Benachteiligung, für einen Umstand, der gegen keinerlei Verbote oder Regelungen verstößt und den er selbst nicht beeinflussen kann. Zugleich muss aber auch unabdingbar ein Schutz für den Arbeitgeber geschaffen sein, der andernfalls ohne jegliche Möglichkeit der Kündigungsdurchsetzbarkeit den betrieblichen Interessen nicht mehr nachkommen könnte. Das BAG sieht die krankheitsbedingte Kündigung wegen erheblicher wirtschaftlicher Beeinträchtigungen durch die Überschreitung der Entgeltfortzahlung als unmittelbare Reaktion auf die Wahrung der Rechte des Arbeitnehmers.[142] Betont werden muss an dieser Stelle, dass die Kündigung keine Sanktion darstellt und der Arbeitnehmer hier nicht für ein Fehlverhalten zur Rechenschaft gezogen wird.[143] Vor diesem Hintergrund erübrigt sich die Kritik der Literatur, da es nicht darum geht, den gesundheitsgeschwächten Arbeitnehmer in irgendeiner Form zu benachteiligen, sondern lediglich das Unternehmen vor zukünftigen wirtschaftlichen Einbußen zu schützen.

Wie auch bei der Beeinträchtigung betrieblicher Interessen wegen Produktions-störungen, hat der Arbeitgeber im Falle wirtschaftlicher Belastungen wegen Entgeltfortzahlungen darzulegen, in welcher Höhe diese unzumutbaren Kosten entstanden sind. Dabei spielen auch die Kosten für den krankheitsbedingten Produktionsausfall eine erhebliche Rolle.[144] Die kündigungsbegründenden Entgeltfortzahlungskosten werden ermittelt, indem die nicht erheblichen vergangenheitsbezogenen Kosten für Fehlzeiten ausgeklammert werden und die Entgeltfortzahlungskosten auf die für die Prognose relevanten Kosten von sechs Wochen jährlich berechnet werden.[145]

---

[141] *BAG* DB 1990, 431; *LAG Hamm* DB 1990, 943.
[142] *BAG* 16.2.1989 - 2 AZR 299/88.
[143] *Boewer*, NZA 1988, 678, 684.
[144] *Berkowsky* in: Münchener Handbuch zum Arbeitsrecht, § 115 Personenbedingte Kündigung, Rn. 42.
[145] *BAG* 6.9.1989 AP KSchG 1969 § 1 NR: 21.

c)　Interessenabwägung

Innerhalb der Interessenabwägung wird als letzter Prüfungspunkt durch die Gerichte festgestellt, ob die betrieblichen Beeinträchtigungen für den Arbeitgeber hinzunehmen sind oder ob die Aufrechterhaltung des Arbeitsverhältnisses aufgrund der zu erwartenden Konsequenzen für ihn nicht zumutbar ist.[146] Es ist abzuwägen, ob die Interessen des Arbeitgebers, oder die des Arbeitnehmers schutzwürdiger sind.

Für diese Beurteilung sind zunächst die sozialen Daten des Arbeitnehmers, wozu sein Alter, sein Familienstand, eventuelle Unterhaltspflichten sowie eine mögliche Schwerbehinderung zählen, zu berücksichtigen. Je jünger der Arbeitnehmer ist, desto schwerwiegender gewichtet sind bisherige Fehltage aufgrund von krankheitsbedingter Arbeitsunfähigkeit im Hinblick auf das zu erwartende Arbeitsverhältnis.[147] Dieser Umstand kann dadurch begründet werden, dass häufige Erkrankungen bei einem jungen Arbeitnehmer eher untypisch sind und eine bereits im jungen Alter schlechte gesundheitliche Verfassung nicht darauf schließen lässt, dass der Arbeitnehmer plötzlich wieder ansatzweise so fit ist, wie vergleichbare Arbeitnehmer. Der Arbeitgeber hat dabei schon allein aufgrund des noch langfristig zu erwartenden Arbeitsverhältnisses mit hohen finanziellen Einbußen zu rechnen, sei es durch Entgeltfortzahlungen oder aber durch den immer wiederkehrenden Arbeitsausfall.

Daraus lässt sich weiter schlussfolgern, dass auch der bisherige Ablauf des Arbeitsverhältnisses eine erhebliche Rolle spielt. Wie bereits aufgeführt, ist es für den jungen, häufig gesundheitlich beeinträchtigten Mitarbeiter nur schwer durchsetzbar seine schutzwürdigen Interessen geltend zu machen. In einem ohnehin sehr kurzzeitigen Arbeitsverhältnis kann er für das Unternehmen aufgrund seiner Fehlzeiten nur geringfügige bereichernde Leistung erbracht haben. Aus diesem Grund können hier Fehlzeiten von unter sechs Wochen sogar als Ausnahme die Erheblichkeit begründen.[148]

---

[146] *BAG* 12. 4.2002 – 2 AZR 148/01 – NZA 2002, 1081
[147] *BAG* NZA 1990, 434, 437.
[148] *Linck* in: Arbeitsrechts-Handbuch, § 131. Personenbedingte Kündigung, Rn. 41.

Anders dagegen könnte es bei einem langjährigen Mitarbeiter aussehen, dessen Arbeitsverhältnis immer ungestört verlaufen ist. Einem Arbeitnehmer, der über mehrere Jahrzehnte gute Arbeit geleistet hat und damit mitverantwortlich für den Erfolg des Unternehmens war, schuldet der Arbeitgeber eine deutlich höhere Rücksichtnahme.[149] Auch, wenn dieser Maßstab zunächst nicht gerecht erscheint, da in beiden Fällen der Arbeitnehmer unverschuldet erkrankt und diesen Zustand nicht beeinflussen kann. Aus Sicht des Arbeitgebers ist es jedoch nachvollziehbar, die Toleranzgrenze bei einem jahrelang zuverlässigen Mitarbeiter großzügiger zu fassen.

Sind die gesundheitlichen Beeinträchtigungen des Arbeitnehmers auf betriebliche Ursachen zurückzuführen wie z.B. Atemwegbeschwerden in einem Chemie-unternehmen, so ist dieser Umstand zu Lasten des Arbeitgebers zu prüfen.[150]

Hat der Arbeitgeber den Arbeitnehmer dagegen mit der Kenntnis über eine chronische Krankheit eingestellt, so darf dies im Zuge der Interessenabwägung nicht zu seinen Lasten geprüft werden.[151] Schon alleine aus Gründen der Gleichberechtigung kann davon ausgegangen werden, dass andernfalls kein Bewerber mit chronischer Erkrankung auch nur eine geringe Chance auf eine Einstellung hätte, da der Arbeitgeber versuchen müsste, jegliches Risiko zukünftiger Fehlzeiten zu umgehen. Wäre der Arbeitgeber bei einem Arbeitnehmer, der unter einer chronischen Krankheit leidet, zu einer erhöhten Rücksichtnahme verpflichtet, so würde er sich allein durch die Einstellung dieses Mitarbeiters selbst bestrafen.

Hat der Arbeitgeber eine bereits erwähnte Personalreserve gebildet, um somit Engpässen und Maschinenausfällen vorzubeugen, so wirkt sich diese Maßnahme bei der Abwägung der Interessen zu seinen Gunsten aus.[152] Durch Entgeltfortzahlungen unterliegt der Arbeitgeber ohnehin einer finanziellen Belastung, welche durch die Schaffung von Personalreserven noch weiter erhöht wird.

---

[149] *BAG* 7.11.2002 - 2 AZR 493/01 = NZA 2003, 520.
[150] *BAG* 6.9.1989 – 2 AZR 118/89 – NZA 1990, 305.
[151] a.A. *BAG* 10.6.1969 AP Nr. 2 zu § 1 KSchG Krankheit; *Zoch*, Krankheitsbedingte Kündigung von Arbeitsverhältnissen wegen häufiger Kurzerkrankungen, S. 6.
[152] *BAG* 29.7.1993 – 2 AZR 155/93 – NZA 1994, 67.

Ein Aspekt, der in der früheren Rechtsprechung berücksichtigt wurde, dem heute aber kaum mehr Bedeutung zukommt, ist die Situation auf dem Arbeitsmarkt. [153] In seiner alten Entscheidung kam das BAG zu dem Entschluss, eine schlechte Arbeitsmarktsituation zu Gunsten des Arbeitnehmers zu prüfen, da sich die Jobsuche nur äußerst schwierig gestalten würde. Dieser Aspekt hat jedoch richtigerweise an Bedeutung verloren, da der Arbeitgeber somit in ständiger Abhängigkeit von der allgemeinen Wirtschaftslage stehen würde. Besonders in den Zeiten der Wirtschaftskrise müsste dann davon ausgegangen werden, dass die Interessen des Arbeitnehmers regelmäßig schwerwiegender sind.

Die Anzahl der verschiedenen Aspekte, die innerhalb der Interessenabwägung berücksichtigt werden, zeigt, dass die letzte Prüfungsstufe stark argumentationsabhängig ist. Die Veränderungen innerhalb der Rechtsprechung machen genauso wie die Differenzen zwischen der Auffassung der Literatur und der Rechtsprechung deutlich, dass eine Prozessentscheidung nicht eindeutig vorhersehbar sein kann. Zusammenfassend lässt sich jedoch feststellen, dass eine vorliegende negative Gesundheitsprognose und die daraus entstehenden erheblichen betrieblichen Beeinträchtigungen i.d.R. auch im Ergebnis der Interessenabwägung nicht abweichen. [154]

2. Langandauernde Erkrankungen

Im Unterschied zu der Fallgruppe der häufigen Kurzerkrankungen ist der Arbeitnehmer bei einer langandauernden Erkrankung für eine lange Zeit und ohne Unterbrechung arbeitsunfähig. Unter einer langen Zeit versteht man in jedem Fall die Überschreitung von einer Fehlzeit von über acht Monaten. [155] Abgrenzend dazu wurde eine Arbeitsunfähigkeit von zwei Monaten nicht als langandauernde Erkrankung eingestuft. [156] Dieser nicht konkretisierte Maßstab lässt bereits vermuten, dass es nicht entscheidungsrelevant auf die Dauer der Arbeitsunfähigkeit zum Zeitpunkt der Kündigung ankommt. Wie auch im Falle der krankheitsbedingten Kündigung wegen häufiger Kurzerkrankungen erfolgt die Durchsetzung einer Kündigung nämlich nicht

---

[153] *BAG* NJW 1981, 298, 301.
[154] *Bauer/Röder/Lingemann*, Krankheit im Arbeitsverhältnis, S. 100.
[155] *BAG* NZA 1999, 978, 979.
[156] *LAG Köln* NZA-RR 1996, 247, 248.

aufgrund vergangenheitsbezogener Sanktionen, sondern als Schutzmaßnahme zur Vermeidung von Fehlzeiten in der Zukunft.[157] Aus diesem Grund erscheint es wenig sinnvoll, eine Fehlquote zu bilden, deren Überschreitung eine krankheitsbedingte Kündigung rechtfertigen würde, da sich eine solche Fehlquote ausschließlich auf Fehlzeiten in der Vergangenheit beschränken könnte.[158]

In der gerichtlichen Praxis spielt die Kündigung wegen langandauernder Erkrankungen eine eher untergeordnete Rolle, da zum einen oftmals davon ausgegangen wird, dass der Arbeitgeber außerhalb der Entgeltfortzahlung keine erhebliche wirtschaftliche Belastung zu tragen hat[159] und zum anderen im Gegensatz zur dauerhaften Erkrankung mit einer Genesung zu rechnen ist.

a)   Negative Zukunftsprognose

Nach Auffassung des BAG ist die krankheitsbedingte Kündigung wegen langandauernder Erkrankung nur dann zu rechtfertigen, wenn nicht davon auszugehen ist, dass 24 Monate ab dem Kündigungszeitpunkt eine vollständige Genesung erfolgen wird.[160] Für diesen Zeitraum der Prognose sind Krankheiten, die vor dem Ausspruch der Kündigung aufgetreten sind, nicht einzurechnen[161], so dass sich die Gesundheitsprognose ausschließlich auf die die kommenden 24 Monate bezieht. Begründet wird die Entscheidung des BAG dadurch, dass der Arbeitgeber befristet eine Ersatzkraft für den erkrankten Arbeitnehmer einstellen kann. Diese Möglichkeit der Überbrückung ist in der Praxis jedoch nicht immer einfach. Wird von vornherein durch den Arzt prognostiziert, dass der Mitarbeiter über mehrere Monate nicht arbeitsfähig ist, so kann eine planbare Lösung für die Übernahme seiner anfallenden Arbeiten gefunden werden. Setzt sich die Fehlzeit jedoch aus mehreren Krankmeldungen in Folge zusammen, so ist es für den Arbeitgeber nicht abzusehen, wann der Arbeitnehmer wieder einsetzbar ist und für welchen konkreten Zeitraum eine Übergangslösung gefunden werden muss.

---

[157] *Lepke*, Kündigung bei Krankheit, S. 139, Rn. 156.
[158] *Preis*, Prinzipien des Kündigungsrechts bei Arbeitsverhältnissen, S. 435.
[159] *Michels* in: Beck'sches Rechtsanwalts-Handbuch, § 8 Kündigungsschutzprozess, Rn. 119.
[160] *BAG* 8.11.2007 AP Nr. 30 zu § 1 KSchG 1969 personenbedingte Kündigung = NZA 2008, 471; *BAG* 29.4.1999 AP Nr. 36 zu § 1 KSchG 1969 Krankheit = NZA 99, 978.
[161] *BAG* 12.4.2002 – 2 AZR 148/01 = NZA 2002, 1081.

Die Wiederherstellung der Arbeitsfähigkeit ist zum Zeitpunkt der Kündigung nicht abzusehen. Nach erfolgter Aussprache der Kündigung können keine im Anschluss daran eingetretenen Umstände die Negativprognose mildern oder korrigieren.[162] Erklärt sich der Arbeitnehmer im Nachhinein dazu bereit, eine seiner Krankheit entgegenwirkende Operation durchführen zu lassen[163] oder zieht die Maßnahme einer Kur in Betracht, so hat dies keinerlei Einfluss auf die erfolgte Kündigung. Anderes gilt hingegen, wenn die Heilbehandlung durch den Arbeitgeber vor Aussprache der Kündigung bewilligt wurde.[164] Unter diesen Umständen kann die Kündigung sozial nicht gerechtfertigt werden, da von dem Arbeitgeber verlangt werden kann, dass er die Auswirkungen der Behandlung dann auch abzuwarten hat.[165]

Der Arbeitnehmer kann die Negativprognose nur dann entkräften, wenn er geltend machen kann, dass der Arbeitgeber bereits zum Zeitpunkt der Kündigung Kenntnis über eine geplante Heilmaßnahme hatte[166] oder Tatsachen vorliegen, die die Wiederherstellung seiner Arbeitsfähigkeit erwarten lassen.[167] Die bloße Behauptung über die Besserung seines Gesundheitszustandes ist dabei nicht ausreichend.

b)   Erhebliche Beeinträchtigung betrieblicher Interessen

Im Vergleich zu den häufigen Kurzerkrankungen ist davon auszugehen, dass langandauernde Erkrankungen trotz der hohen Anzahl an Fehltagen weniger schnell eine erhebliche Beeinträchtigung betrieblicher Interessen begründen können. Der Arbeitgeber hat bei dieser Fallgruppe den Vorteil, den erkrankten Mitarbeiter planbarer vertreten lassen zu können. Ist die Arbeitsunfähigkeit beispielsweise durch einen schweren Unfall begründet, so kann die zu erwartende Fehlzeit durch den Arzt prognostiziert werden und der Arbeitgeber hat die Möglichkeit, für diesen Zeitraum Ersatz zu beschaffen, sei es durch Leiharbeiter, Kollegen oder befristete Einstellungen. Somit wird die Gefahr von Engpässen und Maschinenstillständen verringert. Zwar mutet das BAG dem Arbeitgeber sogar zu, einen Mitarbeiter unbefristet einzustellen

---

[162] *BAG* 12.4.2002 – 2 AZR 148/01 = NZA 2002, 1081, 1083.
[163] *BAG* 15.8.1984 – 7 AZR 536/82 = NZA 1985, 357.
[164] *LAG Berlin-Brandenburg* 25.1.2007 LAGE Nr. 40 zu § 1 KSchG Krankheit.
[165] *Seidel*, DB 1996, 1414.
[166] *Elsner*, Personenbedingte Kündigung, S. 77.
[167] *BAG* 19.05.1993 - 2 AZR 539/92.

und diesen nach Wiederherstellung der Arbeitsfähigkeit des vertretenen Mitarbeiters betriebsbedingt zu kündigen[168], diese Entscheidung muss aber dennoch im Einzelfall betrachtet werden. Es ist unternehmensabhängig, in welcher Höhe dem Arbeitgeber Kosten für Umstrukturierungsmaßnahmen zugemutet werden können. Je nachdem, welchen Qualifizierungsgrad die zu vertretene Stelle erfordert, können die Kosten für Umstrukturierungsmaßnahmen eines kleinen Unternehmens eine Höhe erreichen, die erhebliche betriebliche Beeinträchtigungen auf finanzieller Ebene bewirken.

Außerhalb der Entgeltfortzahlung, die im Falle langandauernder Erkrankungen in jedem Fall überschritten wird, ist von keiner finanziellen Beeinträchtigung auszugehen. Allerdings ist nach einer Entscheidung des EuGH zu berücksichtigen, dass auch langandauernd erkrankte Arbeitnehmer einen Anspruch auf einen vierwöchigen bezahlten Mindesturlaub haben.[169] Dieser Umstand könnte wiederum unternehmens-abhängig dazu führen, dass erhebliche wirtschaftliche Beeinträchtigungen gerecht-fertigt sind.

c) Interessenabwägung

Innerhalb der Interessenabwägung stellt sich besonders im Falle langandauernder Erkrankungen zunächst die Frage, ob die Ursache der Erkrankung auf einen betrieblichen Umstand oder wie so häufig auf einen Betriebsunfall zurückzuführen ist. Ist dies der Fall, so muss berücksichtigt werden, ob den Arbeitnehmer im Zuge dessen ein Verschulden trifft. Trifft ihn kein Verschulden, so ist dieser Umstand innerhalb der Interessensabwägung zu seinen Gunsten auszulegen.[170]

Im Falle eines Betriebsunfalls kann der Betroffene zwar oftmals seinen gewohnten Aufgaben nicht mehr nachgehen, aber dennoch ist er in der Lage, anderweitige, körperschonendere Arbeiten zu verrichten. Dem Arbeitgeber kann zugemutet werden, den Arbeitnehmer mit Rücksicht auf seine gesundheitliche Einschränkung an einen anderen Arbeitsplatz zu versetzen. Auch, wenn das betriebliche Wiedereingliederungs-management keine formelle Voraussetzung für eine personenbedingte Kündigung ist,

---

[168] BAG 29.4.1999 - 2 AZR 431/98 = NJW 2000, 893.
[169] *EuGH* NJW 2009, 495.
[170] *Bundschuh/Thies*, Krankheit und weitere personenbedingte Kündigungsgründe, S. 75.

so ergibt sich die Pflicht zur Durchführung i.S. der Verhältnismäßigkeit dennoch aus §
84 II SGB IX. Der Arbeitgeber hat nach dem Ultima-Ratio-Prinzip alle milderen Mittel in
Betracht zu ziehen, unter der Voraussetzung, dass betriebliche und vertragliche
Interessen gewahrt werden.[171] Ist er nicht bemüht, den erkrankten Arbeitnehmer auf
einen anderen Arbeitsplatz zu versetzen oder das Tätigkeitsfeld entsprechend
anzupassen, kann er sich in seiner Argumentation nicht lediglich darauf beschränken,
dass kein anderweitiger Arbeitsplatz in Frage kommt bzw. keine freien Arbeitsplätze
zur Verfügung stehen.[172] Zeigt sich dennoch - trotz der Bemühungen des Arbeitgebers
- dass alle Arbeitsplätze besetzt sind, liegt es nicht in seiner Pflicht, einem anderen
Mitarbeiter zu kündigen, um auf diesem Wege eine Vakanz für den gesundheitlich
beeinträchtigten Mitarbeiter zu schaffen.[173]

Besteht keine Möglichkeit, den Mitarbeiter auf einen anderen Arbeitsplatz zu versetzen,
sei es aus betrieblichen Gründen oder aber aus Gründen, die in der Person des
Mitarbeiters liegen, ist, wie auch im Falle der häufigen Kurzerkrankungen abzuwägen,
ob die fehlzeitenbedingte Störung des Arbeitsverhältnisses dem Arbeitgeber weiterhin
zumutbar ist.[174] Dabei sind neben den sozialen Kriterien, die Qualität und die Dauer
des bisherigen Arbeitsverhältnisses den betrieblichen Beeinträchtigungen gegenüber-
zustellen.[175]

3.   Dauernde Leistungsunfähigkeit

Die dauernde Leistungsunfähigkeit stellt von den durch die Rechtsprechung
entwickelten Fallgruppen krankheitsbedingter Kündigungen die schwerwiegendste
Form gesundheitlicher Beeinträchtigungen dar. Mit Leistungsunfähigkeit ist hier die
endgültige Leistungsunfähigkeit im engeren Sinne zu verstehen.[176]

Ist ein Arbeitnehmer dauerhaft leistungsunfähig, steht fest, dass er seinen
arbeitsvertraglichen Pflichten nicht mehr nachkommen wird, da die Ausführung seiner

---

[171] *Friedrich* in: Grundgesetz, S. 684, Rn. 36.
[172] *Michels* in: Beck'sches Rechtsanwalts-Handbuch, § 8 Kündigungsschutzprozess, Rn. 120.
[173] *Volk* in: Kündigungsschutzgesetz, § 1 KSchG, S. 254, Rn. 530.
[174] *Mayer* in: Formular Bibliothek Zivilprozess, § 2 Gerichtliches Verfahren, Rn. 499.
[175] *Mayer* in: Formular Bibliothek Zivilprozess, § 2 Gerichtliches Verfahren, Rn. 499.
[176] *Berkowsky*, NZA-RR 2001, 449.

bisherigen Tätigkeiten dauerhaft nicht mehr möglich ist. Während bei der abgeschwächten Fallkonstellation der dauernden Erkrankungen eine Heilbehandlung die Arbeitsfähigkeit wiederherstellen kann, scheidet die Option der Genesung an dieser Stelle aus.[177] Aus diesem Grund bezeichnet das BAG den Zustand zwischen den Parteien des Arbeitgebers und seines dauerhaft erkrankten Mitarbeiters als „sinnentleertes Arbeitsverhältnis".[178]

Da im Falle einer feststehenden, dauernden Leistungsunfähigkeit nicht über eine zukünftige Entwicklung spekuliert werden muss und die daraus resultierenden Beeinträchtigungen leicht zu kalkulieren sind, zeigt sich die dreistufige Prüfung als kurz und unkompliziert.

a)   Negative Zukunftsprognose

Aufgrund der Tatsache, dass der Arbeitnehmer nicht mehr an seinen Arbeitsplatz zurückkehren wird, erübrigt sich eine Zukunftsprognose. Das zukünftige Arbeitsverhältnis muss nicht mehr prognostiziert werden, denn der Verlauf steht bereits fest. Damit könnte die Fallgruppe der dauerhaften Erkrankungen im Vergleich zu den anderen Fallgruppen eine Ausnahme bilden, da hier prinzipiell keine Zukunftsprognose durchgeführt werden müsste. Die Zukunftsprognose fokussiert das Verhältnis zwischen dem Arbeitgeber und dem Arbeitnehmer. Hier ist jedoch, wie das BAG richtigerweise tituliert, von einem entleerten Verhältnis die Rede. Ein entleertes Verhältnis kann durchaus mit einem nicht mehr bestehenden Verhältnis gleichgesetzt werden, wohingegen dann die Prüfungsstufe der negativen Zukunftsprognose ihren Sinngehalt verfehlt. Aber auch, wenn sich die eigentliche Prognose im Hinblick auf die Kündigung wegen dauernder Leistungsunfähigkeit erübrigt, gilt dennoch als Voraussetzung, dass das Arbeitsverhältnis weiterhin durch die Nichterfüllung der Arbeitnehmerpflichten, die sich aus dem Arbeitsvertrag ergeben, gekennzeichnet ist.

---

[177] *Michels* in: Beck'sches Rechtsanwalts-Handbuch, § 8 Kündigungsschutzprozess, Rn. 115.
[178] *BAG* 12.1.2006 – 2 AZR 242/05 – AP Nr. 13 zu § 626 BGB Krankheit; *BAG* 18.1.2001 – 2 AZR 616/99 – NZA 2002, 455.

b) Erhebliche Beeinträchtigung betrieblicher Interessen

Auch die zweite Prüfungsstufe bei der Gruppe vorliegender dauernder Leistungsunfähigkeit ergibt sich von selbst. Das Schuldverhältnis zwischen dem Arbeitgeber und dem Arbeitnehmer ist dauerhaft gestört, so dass der Arbeitgeber die erhebliche Beeinträchtigung betrieblicher Interessen nicht anhand von Anhaltspunkten wie finanzielle Einbußen oder Beeinträchtigungen durch Maschinenstillstände konkretisieren muss.[179] Der Arbeitgeber stellt Mitarbeiter ein, um somit den Arbeitsbedarf abdecken zu können. Die dauerhafte Leistungsunfähigkeit des Arbeitnehmers verfehlt dabei eindeutig das Ziel der Personaleinstellung, da der betroffene Mitarbeiter seiner gesundheitlichen Situation zur Folge keinerlei Aufgaben bewältigen kann. Bei den anderen Formen der krankheitsbedingten Fehlzeiten kann der Einsatz von Vertretungskräften den Arbeitsausfall vorübergehend ausgleichen. Da es sich im Falle einer dauerhaften Erkrankung aber nicht um eine vorübergehende Vertretung handeln würde, sondern die Vertretungskraft auf Dauer eingestellt werden müsste, kommt diese Lösung nicht in Betracht, um die erhebliche Beeinträchtigung betrieblicher Interessen zu reduzieren.[180] Zusammenfassend lässt sich feststellen, dass im Falle einer dauerhaften Leistungsunfähigkeit des Arbeitnehmers, erhebliche betriebliche Beeinträchtigungen auf Seiten des Arbeitgebers grundsätzlich gegeben sind.

c) Interessenabwägung

Die übersichtliche Ausführung der beiden ersten Prüfungsstufen lässt bereits darauf schließen, dass auch die letzte Prüfungsstufe in ihrem Inhalt offensichtlich ist. Der Arbeitgeber hat keine andere Möglichkeit als den Platz des erkrankten Arbeitnehmers mit einem anderen Arbeitnehmer zu besetzen.[181] Die Interessenabwägung fällt damit zu Gunsten des Arbeitgebers aus, da man ihm andernfalls eine Doppelbesetzung des entsprechenden Arbeitsplatzes auf Dauer zumuten würde.

---

[179] *Fleddermann* in: Prozesse in Arbeitssachen, § 7 Die Änderung und Beendigung des Arbeitsverhältnisses, Rn. 110.
[180] *Linck* in: Arbeitsrechts-Handbuch, § 131. Personenbedingte Kündigung, Rn. 43.
[181] *Preis*, Arbeitsrecht, § 64 III 2.

Die Interessen des Arbeitgebers sind nur dann strenger abzuwägen, wenn wie auch bei der Fallgruppe langandauernder Erkrankungen die Ursache der Erkrankung auf betriebliche Umstände zurückzuführen ist.[182] Steht der gesundheitlichen Verfassung des Arbeitnehmers dem nichts entgegen, so kann dem Arbeitgeber in gewissem Rahmen zugemutet werden, den Arbeitsplatz umzugestalten oder den Arbeitnehmer umzusetzen.[183] Die Pflicht des Arbeitgebers, dem Arbeitnehmer als milderes Mittel vor Ausspruch der Kündigung einen freien Schonarbeitsplatz anzubieten, besteht grundsätzlich, so dass auch die dauernde Leistungsunfähigkeit trotz ihrer übersichtlichen Prüfung keine Ausnahme bildet.[184]

Ob die personenbedingte Kündigung wegen dauerhafter Leistungsunfähigkeit tatsächlich als letztes Mittel geeignet ist, die betrieblichen Beeinträchtigungen zu beheben, lässt die Meinungen in der Literatur auseinander gehen. Berkowsky sieht diese Maßnahme kritisch, da er im Hinblick auf das dauerhafte Fehlen des Arbeitnehmers keine betriebliche Beeinträchtigung sieht. Er begründet seine Auffassung damit, dass der entsprechende Arbeitsplatz zwar nicht durch den eigentlich dafür vorgesehenen Arbeitnehmer besetzt wird, aber dafür auf Dauer durch einen anderen Arbeitnehmer in Anspruch genommen werden kann.[185] Die herrschende Meinung und auch die Rechtsprechung sehen jedoch genau in diesem Dauerzustand der Arbeitsunfähigkeit eine erhebliche Störung zwischen dem Verhältnis der Leistung und der Gegenleistung.[186] Auch, wenn die Planung der Arbeitsplatzbesetzung im Falle dauerhafter Arbeitsunfähigkeit sicherlich leichter zu organisieren ist als bei langandauernden Erkrankungen, so ist dennoch das konkrete Arbeitsverhältnis zwischen dem betroffenen Arbeitnehmer und dem Arbeitgeber in den Fokus zu setzen. Im zweiten Fall ist nicht langfristig abzuschätzen über welchen Zeitraum Vertretungskräfte einspringen müssen, aber zumindest ist davon auszugehen, dass der erkrankte Arbeitnehmer seinen Aufgaben irgendwann wieder selbst nachkommen wird und das Arbeitsverhältnis dann nicht mehr gestört ist. Aufgrund der feststehenden

---

[182] *Bundschuh/Thies*, Krankheit und weitere personenbedingte Kündigungsgründe, S. 75.
[183] *Bundschuh/Thies*, Krankheit und weitere personenbedingte Kündigungsgründe, S. 75.
[184] *Michels* in: Beck'sches Rechtsanwalts-Handbuch, § 8 Kündigungsschutzprozess, Rn. 117.
[185] *Berkowsky*, NZA-RR 2001, 449.
[186] BAG 10.6.2010 AP Nr. 31 zu § 1 KschG 1969 Personenbedingte Kündigung = NZA 2010, 1234; BAG 22.9.2005 AP Nr. 10 zu § 81 SGB IX = NZA 2006, 486; LAG Hamm 4.2.2005 – 10 Sa 1326/04; *Michels* in: Beck'sches Rechtsanwalts-Handbuch, § 8 Kündigungsschutzprozess, Rn. 115.

immer vorhandenen Störung des Arbeitsverhältnisses bei dauerhafter Leistungs-unfähigkeit ist unumstritten der Meinung der Rechtsprechung zu folgen.

4. Krankheitsbedingte Leistungsminderung

Bei der vierten und letzten durch die Rechtsprechung festgelegten Fallgruppe krankheitsbedingter Kündigungen handelt es sich um die krankheitsbedingte Leistungsminderung. Im Vergleich zu den anderen Fallgruppen wird die gesundheitliche Beeinträchtigung des Arbeitnehmers hier nicht durch sein Fehlen gekennzeichnet, sondern vielmehr durch die von ihm erbrachte Minderleistung. Von einer Minderleistung ist dann auszugehen, wenn der Arbeitnehmer sein zeitliches Arbeitspensum erfüllt und anwesend ist, jedoch die Arbeitsergebnisse nicht in ihrer Güte oder in ihrer Anzahl den Anforderungen entsprechen.[187] Das BAG differenziert zwischen der quantitativen und der qualitativen Minderleistung.[188]

Von quantitativer Minderleistung ist dann auszugehen, wenn das Arbeitsergebnis des betroffenen Arbeitnehmers messbar hinter den Ergebnissen der anderen Mitarbeiter zurückbleibt [189] Dies ist z.B. dann der Fall, wenn ein Arbeitnehmer weniger als die Hälfte an Leistung schafft als seine Kolleginnen und Kollegen und damit erheblich langsamer arbeitet.[190]

Bei der qualitativen Minderleistung steht dagegen nicht die Anzahl der Produktions-stücke im Fokus, sondern die nicht zufriedenstellende Beschaffenheit bzw. die Fehlerquote des Arbeitsergebnisses.[191] Je nach beruflicher Tätigkeit muss die Fehlerhäufigkeit nach dem Einzelfall betrachtet werden, da es Berufe gibt, die Fehler verzeihen bzw. Fehler gar nicht vermeiden lassen und wiederum Tätigkeiten, deren fehlerhafte Handhabung zu schwerwiegenden Konsequenzen führt.[192]

---

[187] *BAG* NZA 2004, 784; *BAG* NZA 1992, 1028; *BAG* NZA 2005, 175.
[188] *BAG* 17.1.2008 – 2 AZR 536/06 = NZA 2008, 693.
[189] *BAG* 27.11.2008 – 2 AZR 675/07 = NZA 2009, 842.
[190] *LAG Hamm* 13.4.1983 – 12 Sa 95/83, DB 1983, 1930.
[191] *Wisskirchen* in: StichwortKommentar Arbeitsrecht, Low Performance, Rn. 11.
[192] *Wisskirchen* in: StichwortKommentar Arbeitsrecht, Low Performance, Rn. 11.

In beiden Fällen der Minderleistung erhält der Arbeitnehmer dabei die volle Vergütung, obwohl er nicht mehr die vertraglich geschuldete Leistung erbringt. Die verminderte Leistungsfähigkeit kann wie auch die anderen drei Formen der krankheitsbedingten Kündigung nicht durch den Arbeitnehmer gesteuert werden, sondern wird eignungsbedingt hervorgerufen.[193] Von einer krankheitsbedingten Leistungsminderung ist z.B. dann auszugehen, wenn ein Gärtner an einer Wirbelsäulenverletzung leidet und aufgrund dessen nicht mehr in der Lage ist, schwere Lasten zu tragen oder Arbeiten in gebeugter Körperhaltung durchzuführen. Hiervon sind typische gärtnerische Aufgaben, wie z.B. das Bepflanzen und Umpflanzen großer Bäume und die Pflege von Beeten betroffen.

Da das bloße Unterschreiten der durchschnittlichen Arbeitsleistung für die rechtmäßige Durchsetzbarkeit einer Kündigung nicht ausreichend ist[194], muss die dreistufige Prüfung einen Orientierungsmaßstab aufzeigen, an dem sichtbar wird, wann von kündigungsrelevanter Minderleistung auszugehen ist

a) Negative Zukunftsprognose

Die negative Zukunftsprognose muss begründen, dass weiterhin eine erhebliche Minderleistung durch den Arbeitnehmer zu erwarten ist, mit der Folge der Störung des Arbeitsverhältnisses.

Grundsätzlich liegt es in der Natur der Sache, dass nicht jeder Arbeitnehmer die gleiche Leistungsstärke aufweisen kann, so dass sich die Frage stellt, welcher Leistungsgrad noch als Normalleistung und damit als angemessen gilt und ab welcher Grenzüberschreitung eine Minderleistung vorliegt. Das BAG hat dazu die Faustformel „Der Arbeitnehmer muss tun, was er soll und zwar so gut wie er kann" entwickelt.[195], wodurch deutlich wird, dass sich jeder zunächst an seinen eigenen Möglichkeiten zu orientieren hat und eine „individuelle Normalleistung"[196] gefordert wird. Weiterhin geht das BAG davon aus, dass eine personenbedingte Kündigung dann gerechtfertigt werden kann, wenn langfristig mindestens 1/3 der durchschnittlichen Leistungen

---

[193] *Glanz*, NJW-Spezial 2008, 82, 83.
[194] *Hergenröder* in: Münchener Kommentar zum BGB, § 1 KSchG, Rn. 178.
[195] *BAG* 11.12.2003 - 2 AZR 667/02 = NZA 2004, 784.
[196] *BAG* 11.12.2003 - 2 AZR 667/02 mit Anm. Mauer.

unterschritten werden.[197] Schließlich kann ja auch der Arbeitgeber die Vergütung nicht einfach um mehr als ein Drittel reduzieren, ohne damit eine Störung des gegenseitigen Austauschverhältnisses hervorzurufen.

Somit ist innerhalb der ersten Prüfungsstufe zu prognostizieren, dass der betroffene Arbeitnehmer langfristig diesen Wert von 1/3 der durchschnittlichen Leistung unterschreiten wird. Bei der Orientierung an der Durchschnittsleistung stehen nicht die eigenen individuellen Leistungsmöglichkeiten im Vordergrund, sondern die Leistungen der Kollegen und Kolleginnen. Bei einem Vergleich kommt es darauf an, nicht den besten effizientesten Mitarbeiter als Maßstab zu wählen, sondern einen im mittleren Bereich hinreichend leistungsfähigen Arbeitnehmer.[198] Die Arbeit als solche, das Alter sowie auch das Geschlecht müssen eine Vergleichbarkeit mit sich bringen. Zwei Mitarbeiter, die beide in der Automontage tätig sind und sich in der selben Altersklasse befinden, können beispielsweise im Hinblick auf die Anzahl der montierten Autoradios pro Tag verglichen werden.

Kritisch zu betrachten ist, dass die Feststellung einer Minderleistung grundsätzlich nur durch einen Vergleich deutlich werden kann. Die Rechtsprechung des BAG und der daraus hervorgehende Maßstab der individuellen Normalleistung[199] ist im Hinblick auf die Überlegung, ob sich die Leistungsfähigkeit des Arbeitnehmers im Normalbereich befindet oder nicht, nicht hilfreich. Die bloße Orientierung an dieser Auffassung würde bedeuten, dass eine personenbedingte Kündigung wegen Minderleistung nahezu niemals durchsetzbar wäre. Ist der Arbeitnehmer gesundheitlich beeinträchtigt, so kann er dennoch in jedem Fall begründen, dass er „so gut arbeitet, wie er kann". Der Leistungsvergleich anhand der 1/3 Grenze ist die einzige Möglichkeit, beurteilen zu können, ob eine Leistungsminderung vorliegt. Aus diesem Grund erscheinen Lösungen, die einzig und allein den betroffenen Arbeitnehmer fokussieren und eine weit gefasste Erwartungshaltung an ihn stellen, in diesem Zusammenhang als überflüssig.

---

[197] *BAG* 26.9.1991 – 2 AZR 132/91 = NZA 1992, 1073.
[198] *Hummel*, Krankheit und Kündigung, S. 35.
[199] *BAG* 11.12.2003 - 2 AZR 667/02.

b)   Erhebliche Beeinträchtigung betrieblicher Interessen

Die vom Arbeitnehmer erwartete und geschuldete Arbeitsleistung ergibt sich zum einen aus dem Arbeitsvertrag, der zwischen ihm und seinem Arbeitgeber geschlossen wurde, zum anderen aus dem Direktionsrecht des Arbeitgebers. Das Direktionsrecht, auch Weisungsrecht genannt, verschafft dem Arbeitgeber das Recht, Leistungs-anforderungen näher zu konkretisieren, da diese im Arbeitsvertrag oftmals nur rahmenmäßig umschrieben werden.[200] Diese durch den Arbeitgeber konkretisierten Anforderungen lassen grundsätzliche eine

Unterschreitung von krankheits- und besonders altersbedingter Leistungsminderung zu.[201] Selbstverständlich kann von einem Mitarbeiter, der kurz vor seiner Rente steht nicht mehr die gleiche Leistungsstärke erwartet werden wie von einem jungen, ausgelernten und gut eingearbeiteten Kollegen. Aber dennoch ist es nicht die Pflicht des Arbeitgebers, jeglichen Leistungsabfall hinzunehmen. Eine langfristige Minderleistung führt wie auch die Krankheitsformen der anderen drei Fallgruppen zu einer Störung des gegenseitigen, vertraglichen Austauschverhältnisses. Der Aspekt, dass der Arbeitnehmer nach wie vor uneingeschränkt seinen Lohn bezieht, aber nicht mehr ansatzweise dazu in der Lage ist, die entsprechende Gegenleistung zu erbringen, stellt hier für den Arbeitgeber die schwerwiegendste Belastung dar.[202] Da der Arbeitnehmer innerhalb der vorgesehenen Arbeitszeit die Anforderungen nicht erfüllen kann, ist davon auszugehen, dass andere Kollegen einen Teil seiner Aufgaben übernehmen müssen oder dass Arbeit schlichtweg liegen bleibt. Daraus ergeben sich für den Arbeitgeber zum einen erhebliche finanzielle Belastungen, zum anderen aber auch schwerwiegende Beeinträchtigungen durch betriebliche Ablaufstörungen.

c)   Interessenabwägung

Innerhalb der Interessenabwägung ist zu prüfen, ob die Möglichkeit einer Weiterbeschäftigung auf einem anderen Arbeitsplatz besteht. Dabei kommt es einerseits auf das grundsätzliche Leistungsvermögen des Arbeitnehmers an und es stellt sich die Frage, ob dieser in der Lage ist anderweitige Arbeiten durchführen zu können. Für das oben gewählte Beispiel würde dies bedeuten, dass der unter einer

---

[200] Schliemann, Das Arbeitsrecht im BGB, § 611 BGB, S. 181, Rn. 561.
[201] *Hergenröder* in: Münchener Kommentar zum BGB, § 1 KSchG, Rn. 143, 177.
[202] *Lepke*, Kündigung bei Krankheit, S. 180, Rn. 186.

Wirbelsäulenverletzung leidende Gärtner Aufgaben übernehmen könnte, unter deren Ausführung sein Rücken geschont wird. Als Alternativen kommen z.B. die Kundenberatung, die Herstellung von Binderei und Dekorationen oder die Ernte, Aufbereitung und Lagerung von Zierpflanzen mit der Unterstützung nötiger Hilfsmaschinen in Betracht.

Andererseits muss der Arbeitgeber überhaupt die Möglichkeit haben, die Aufgaben des Arbeitnehmers umzustrukturieren und ihm damit einen neuen Arbeitsplatz zu verschaffen. Eine solche Umstrukturierung kann dann über die Aussprache einer Änderungskündigung erfolgen, womit der Grundsatz: Änderungskündigung geht vor Beendigungskündigung[203] erfüllt wird. Durch eine Änderungskündigung wird ein Dauerschuldverhältnis beendet. Daraus hervor geht jedoch das Angebot eines neuen Vertrages, zu geänderten Bedingungen.[204] Eine Änderungskündigung kommt nur dann in Betracht, wenn grundsätzlich die Voraussetzungen einer krankheitsbedingten Beendigungskündigung gegeben sind, der Arbeitgeber jedoch die Möglichkeit hat, dem Arbeitnehmer anderweitige Aufgaben anzuordnen, die seinem gesundheitlich beeinträchtigten Zustand entgegen kommen.[205] Lehnt der Arbeitnehmer die Änderungskündigung ab, so kann der Arbeitgeber das Arbeitsverhältnis ordentlich kündigen.[206]

Bei vorliegender Minderleistung kommt es innerhalb der Interessenabwägung nicht ausschließlich auf das gegenseitige Verhältnis zwischen Arbeitgeber und Arbeitnehmer an, sondern auch auf die Entwicklung der Beschäftigungsmöglichkeiten anderer Arbeitnehmer.[207] Dies bedeutet, dass eine Tätigkeitseinschränkung der anderen Mitarbeiter, die darauf begründet ist, dass der minderleistende Mitarbeiter erheblich unterdurchschnittliche Leistung erbringt, zur Folge hat, dass die Interessenabwägung zu Gunsten des Arbeitgebers ausfällt.

---

[203] *BAG* 21.4.2005 – 2 AZR 132/04 = NZA 05, 1289 ff.
[204] *Rüthers* in: Arbeitsrecht, S. 196, Rn. 556.
[205] *BGH* 27.1.2000 NZA 2000, 478 ff.
[206] *BAG* 7.12.2000 EzA Nr. 108 zu § 1 KSchG Betriebsbedingte Kündigung.
[207] *BAG* NZA 2004, 1380.

Innerhalb des Streitverfahrens hat der Arbeitgeber Tatsachen darzulegen, die belegen, dass der Arbeitnehmer die Durchschnittsleistung erheblich unterschreitet. Der Arbeitnehmer muss dann begründen, warum er trotz der unterdurchschnittlichen Leistung seine persönliche Leistungsstärke vollkommen ausschöpft. Da die in der Vergangenheit aufgetretene Minderleistung eine Indizwirkung für die Zukunft ist, muss er ebenso vorbringen, aus welchen Gründen mit einer gesundheitlichen Besserung zu rechnen ist.[208] In einer dritten Stufe kann der Arbeitgeber die Argumentation des Arbeitnehmers widerlegen.[209]

IV. Die außerordentliche krankheitsbedingte Kündigung

Kann tariflich oder vertraglich eine ordentliche krankheitsbedingte Kündigung ausgeschlossen werden[210], ist in Ausnahmefällen die außerordentliche Kündigung aufgrund von krankheitsbedingten Fehltagen in Betracht zu ziehen[211].
Entspricht jedoch der Sachverhalt in Bezug auf den Grund der Entlassung nicht den Anforderungen einer ordentlichen Kündigung, kann dieser Grund auch niemals eine außerordentliche Kündigung rechtfertigen.[212]

Eine außerordentliche Kündigung ist dann durchsetzbar, wenn dem Arbeitgeber der Ablauf der ordentlichen Kündigungsfrist nicht zumutbar ist.[213] Dieser Umstand liegt vor, wenn z.B. die Einhaltung einer besonders langen Frist zu erheblichen Entgeltfortzahlungskosten führen würde oder mit betrieblichen Störungen zu rechnen ist, die durch die Ausschaltung der Frist vermeidbar wären.[214] In der Praxis kann jedoch i.d.R. nicht davon ausgegangen werden, dass der Arbeitgeber die Unzumutbarkeit der Fristeinhaltung tatsächlich mit erheblichen Lohnkosten begründen kann, da der Arbeitnehmer bereits nach sechswöchiger Erkrankung keinen Anspruch mehr auf eine Entgeltfortzahlung durch den Arbeitgeber hat.

---

[208] *Friemel/Walk*, NJW 2005, 3669, 3672.
[209] Kloppenburg in: NomosKommentar Arbeitsrecht, § 58 ArbGG, Rn. 78.
[210] *Fuchs*, in: Beck'scher OK-BGB, Stand 01.02.2014, § 626 BGB, Rn. 39; *Rabe v. Pappenheim*, Lexikon Arbeitsrecht, S. 273.
[211] *BAG* 18.1.2001, NZA 2002, 455.
[212] *BAG* 20.1.2000, NZA 2000, 592.
[213] *Franzen* in: BGB Schuldrecht, § 626 BGB, Rn. 70.
[214] *BAG* 6.07.1972 - 2 AZR 386/71; *BAG* 11.3.1976 - 2 AZR 29/75.

Das BAG sieht die außerordentliche Kündigung dann als begründet, wenn die Zukunftsprognose ein erhebliches Missverhältnis zwischen der Leistung und der Gegenleistung erwarten lässt und nur noch von einem „sinnentleerten Arbeitsverhältnis" ausgegangen werden kann.[215] Genauso wie die krankheitsbedingte ordentliche Kündigung unterliegt die krankheitsbedingte außerordentliche Kündigung der dreistufigen bekannten Prüfung.

Der Arbeitgeber kann auch dann die außerordentliche Kündigung in Zusammenhang mit einer Krankheit aussprechen, wenn der Arbeitnehmer die Erkrankung simuliert[216] oder aber während seiner ärztlich bescheinigten Arbeitsunfähigkeit seine Arbeitsleistung einem anderen Arbeitgeber zur Verfügung stellt.[217] Die Vortäuschung der Krankheit ist jedoch schwer nachweisbar und nicht alleine nur deshalb anzunehmen, weil der Arbeitnehmer in der Vergangenheit oftmals durch seinen Hausarzt krankgeschrieben wurde.[218]

Die fristlose Kündigung richtet sich nach § 626 BGB und setzt einen wichtigen Grund zur Rechtfertigung voraus. Dabei kommt es nicht auf das Verschulden des Arbeitnehmers an.[219] Von einem wichtigen Grund kann im Falle eines unheilbar kranken Arbeitnehmers ausgegangen werden, der dauerhaft arbeitsunfähig ist. Liegt dagegen jedoch eine krankheitsbedingte Leistungsminderung vor und kann sogar eine Umstrukturierung des Arbeitsplatzes eine Verbesserung der Arbeitsleistung ermöglichen, so liegt kein wichtiger Grund vor und die außerordentliche Kündigung ist damit auszuschließen.[220]

Grundsätzlich muss auch im Hinblick auf die außerordentliche Kündigung berücksichtigt werden, dass die fristlose Beendigung des Arbeitsverhältnisses nur als Ultima Ratio in Betracht gezogen werden darf. Zuvor muss geprüft werden, ob ggf. ein milderes Mittel wie z:B. die ordentliche Kündigung oder die Anpassung des Arbeitsplatzes geeignet ist, die Störung des Arbeitsverhältnisses zu beseitigen.

---

[215] *BAG* 18.1.2001 – 2 AZR 619/99.
[216] *LAG Düsseldorf* 29.4.1981 – 22 SA 82/81 = DB 1981, 1731; *LAG Hessen* 1.4.2009 - 6 Sa 1593/08 = BB 210, 244.
[217] *LAG Hamm* 8.10.1970 – 4 Sa 534/70 = DB 1970, 2379; *Rabe v. Pappenheim*, Lexikon Arbeitsrecht, S. 273.
[218] *LAG Frankfurt* 13.10.1972 – 5 Sa 406/72 = DB 1972, 2359.
[219] *Rüthers in*: Arbeitsrecht, S. 190, Rn. 538.
[220] *BAG* 26.9.1991 – 2 AZR 132/91; *Lepke*, Kündigung bei Krankheit, S. 309, Rn. 314.

D. Exkurs: Low-Performer

Da die Fallgruppe der Minderleistung auch im Hinblick auf die sogenannten „Low-Performer" eine Rolle spielt, soll diese Arbeitnehmergruppe im nachstehenden Kapitel durch einen Exkurs von den Formen krankheitsbedingter Kündigung abgegrenzt werden.

Allgemein gefasst handelt es sich bei der Gruppe von Low-Performern um leistungsschwache Mitarbeiter. Hierbei geht es jedoch nicht wie in den oben aufgeführten Fallgruppen ausschließlich um die eignungsbedingte Leistungsschwäche, sondern genauso um die verhaltensbedingte mangelhafte Leistung. Hinsichtlich dieser mangelhaften Leistung wird zwischen einer Minderleistung, einer Schlechtleistung und einer Nichtleistung differenziert.[221] Es ist festzustellen, dass sich die Fallgruppe der Minderleistung i.S. der Thematik der Low-Performer weitgehend auf eine quantitative Minderleistung beschränkt[222], wohingegen die krankheitsbedingte Kündigung wegen Minderleistung auch qualitative Leistungsmängel umfasst.

I. Minderleistung

Wie dem vorherstehenden Kapitel bereits zu entnehmen ist, kann die Minderleistung einerseits durch eine gesundheitliche Beeinträchtigung des Arbeitnehmers begründet werden. Andererseits besteht jedoch auch die Möglichkeit, dass der Arbeitnehmer willentlich eine verminderte Leistungsfähigkeit aufbringt und somit die verhaltensbedingte Kündigung in Betracht kommt. Die Abgrenzung beider Kündigungsarten kann sich in der Praxis durchaus als schwierig herausstellen. Grundsätzlich lässt sich aber feststellen, dass von einem personenbedingten Kündigungsgrund dann ausgegangen werden kann, wenn der Arbeitnehmer sein Handeln nicht steuern kann, während bei einem verhaltensbedingten Grund genau das Gegenteil der Fall ist.[223] Daraus ergibt sich auch die unterschiedliche Erforderlichkeit einer vorherigen Abmahnung. Im Falle einer verhaltensbedingten Kündigung wird

---

[221] *Maschmann*, NZA-Beil, 2006, 13.
[222] *Hunold/Wetzling*, Umgang mit leistungsschwachen Mitarbeitern, S.4.
[223] *Linck in:* Arbeitsrechts-Handbuch, § 131 Personenbedingte Kündigung, Rn. 12.

grundsätzlich eine zuvor ausgesprochene Abmahnung vorausgesetzt. Die verhaltensbedingte Kündigung ohne erfolgte Abmahnung kann nicht als letztes Mittel des Arbeitgebers gerechtfertigt werden, da der Arbeitnehmer auf diesem Wege nicht die Chance einer Verhaltensbesserung bekommen hätte. Bei der personenbedingten Kündigung liegt es nicht in der Macht des Arbeitnehmers, das vertragsstörende Handeln zu unterlassen, so dass der Ausspruch einer vorherigen Abmahnung an dieser Stelle keinen Sinn ergeben würde.[224]

Im Gegensatz zu einer personenbedingten Kündigung wegen Minderleistung hat der Arbeitgeber im Zuge der verhaltensbedingten Kündigung wegen Minderleistung über einen längeren Zeitraum hinweg zu beweisen, dass der Arbeitnehmer seine Ressourcen willentlich nicht ausschöpft und nicht so gut arbeitet, wie er eigentlich kann.[225] Dabei hat sich der Arbeitgeber an Messgrößen wie z.B. Stückzahlen, Umsatzzahlen oder Kundenzufriedenheit zu orientieren, um seine Behauptung der Minderleistung mit der Darlegung von Tatsachen zu konkretisieren. Kann der Arbeitnehmer seine Leistungsdefizite nicht mit seinem Alter, einer Krankheit oder aus betrieblichen Gründen rechtfertigen, gilt der Tatsachenvortrag des Arbeitgebers nach § 138 III ZPO als zugestanden. Gelingt es ihm die Darlegungen des Arbeitgebers jedoch plausibel zu bestreiten, befindet sich dieser wiederum in der Beweislast. Stellt sich innerhalb der dritten Stufe der Beweislast heraus, dass dennoch eine begründete, vorwerfbare Minderleistung des Arbeitnehmers vorliegt, so kann der Arbeitnehmer die Beendigungskündigung nur dann aussprechen, wenn zuvor die einschlägige Abmahnung erfolgt ist.[226]

II.   Schlechtleistung

Eine Schlechtleistung liegt dann vor, wenn sich das Arbeitsergebnis des Arbeitnehmers in einem Zustand unzureichender Güte befindet und die Fehlerquote einen erheblichen Ausschuss widerspiegelt. Gibt ein Sachbearbeiter häufig falsche Auskünfte oder erfasst ständig verkehrte Aufträge, ist von einem Qualitätsmangel auszugehen. Wie auch im Falle der Minderleistung kann die Schlechtleistung eignungsbedingt oder

---

[224] *Wisskirchen* in: StichwortKommentar Arbeitsrecht, Low Performance, Rn. 22.
[225] *BAG* 17.1.2008 – 2 AZR 536/06; *Friemel/Walk*, NJW 2005, 3669, 3670.
[226] *Glanz*, NJW-Spezial 2008, 82.

leistungsbedingt hervorgerufen werden. Leidet der Sachbearbeiter beispielsweise unter einer starken Konzentrationsschwierigkeit, ist davon auszugehen, dass er die Aufträge zwar richtig erfassen will, aber seine Eignung dies nicht zulässt. Hat er dagegen einfach keine Lust zu arbeiten und beschäftigt sich neben der Auftragserfassung lieber mit privaten Telefonaten oder erstellt währenddessen das Tippspiel für die kommende Bundeligasaison, könnte er bessere Arbeitsergebnisse erreichen, wenn er dies nur wollte. Liegt die Ursache der Schlechtleistung in einer krankheitsbedingten Beeinträchtigung, kommt dafür die bereits erläuterte personenbedingte Kündigung wegen Minderleistung in Betracht.

Hinsichtlich der zu erwartenden Qualität richtet sich die Fallgruppe der Minderleistung sowie auch die der Schlechtleistung gem. § 243 BGB nach der mittleren Art und Güte.[227] Der Begriff der mittleren Art und Güte orientiert sich an einer durchschnittlichen Arbeitsleistung, zu deren Feststellung die Leistung anderer Arbeitnehmer als Vergleich hinzugezogen werden muss. Die Arbeitsleistung darf demnach nicht schlechter ausfallen, als die eines durchschnittlich leistungsfähigen und vergleichbaren Arbeitnehmers.[228] Die Orientierung an der durchschnittlichen Leistungsintensität zeigt, dass eine Toleranz in Bezug auf die Fehlerquote zugrunde gelegt wird[229], denn niemand arbeitet stetig fehlerfrei.

Nach Auffassung des BAG ist eine verhaltensbedingte Kündigung aufgrund von Schlechtleistung dann gerechtfertigt, wenn der Arbeitnehmer über einen längeren Zeitraum die durchschnittliche Leistung deutlich unterschreitet.[230] Dabei muss auch in der Zukunft eine Störung des Arbeitsverhältnisses zu prognostizieren sein und es darf kein milderes Mittel zur Verfügung stehen, welches die Wiederherstellung des vertraglichen Gleichgewichts herbeiführen könnte.

Da die verhaltensbedingte Kündigung genauso wenig wie die personenbedingte Kündigung die Funktion einer Sanktion erfüllt, sondern als Schutz zur Vermeidung

---

[227] *Berkowsky*, Die personen- und verhaltensbedingte Kündigung, S. 115, Rn. 39; andere Auffassung: *Otto*, Arbeitsrecht, S. 236, R. 483.
[228] *Schaumberg*, NJ 2013, 450, 453.
[229] *LAG Sachsen*, BeckRS 2009, 54506; *Kloppenburg* in: NomosKommentar Arbeitsrecht, § 58 ArbGG, Rn. 77.
[230] *BAG*, 11.12.2003 - 2 AZR 667/02 = NZA 2004, 784.

weiterer Vertragsstörungen dient, spielt die Prognose auch hier eine erhebliche Rolle.[231] Ist also davon auszugehen, dass der Arbeitnehmer trotz einer Androhung der Kündigung sein Fehlverhalten nicht unterlassen wird, liegt eine Negativprognose vor. Diese Wiederholungsgefahr rechtfertigt grundsätzlich die verhaltensbedingte Kündigung.[232]

Ein Vergleich zwischen der personenbedingten Kündigung wegen Krankheit und der verhaltensbedingten Kündigung wegen quantitativer oder qualitativer Schlechtleistung zeigt, dass der Maßstab hinsichtlich der Leistungserwartung des Arbeitnehmers nahezu identisch ist, die Durchsetzbarkeit aus Sicht des erkrankten Mitarbeiters aber dennoch als ungerecht empfunden werden kann. So bekommt derjenige Arbeitnehmer, der einfach keine Lust hat zu arbeiten, durch das Erfordernis der Abmahnung sozusagen eine zweite Chance, wohingegen der Arbeitnehmer, der sein Handeln nicht eigenmächtig steuern kann, auf direktem Wege mit einer Kündigung rechnen muss.

III.   Nichtleistung

Die dritte Variante der Low-Performer ist die Fallgruppe der Nichtleistung. Hierbei entzieht sich der Arbeitnehmer zeitweise oder sogar dauerhaft der von ihm erwarteten Tätigkeit. Dies kann z.B. durch das Schwänzen von Geschäftsterminen, die mehrfache Inanspruchnahme von Raucherpausen[233] oder häufige Erledigungen privater Angelegenheiten zum Ausdruck gebracht werden[234]. Es geht i.d.R. um Nichtleistung, die durch selbstbestimmendes Verhalten des Arbeitnehmers hervorgerufen wird. Rein rechtlich sind die Konsequenzen im Falle von derartiger Nichtleistung für den Arbeitgeber leicht zu vollstrecken, da der Grundsatz gilt: Ohne Arbeit kein Lohn.[235] Dies bedeutet, dass der zu einer bestimmten Tätigkeit verpflichtete Arbeitnehmer auch nur für die tatsächlich erbrachte Leistung seine Vergütung verlangen kann und der Arbeitgeber auch nur dann in der Pflicht steht, diese zu entlohnen.[236] Erscheint der Mitarbeiter dagegen pünktlich unter der Erfüllung seines arbeitsvertraglichen

---

[231] *Fuchs*, in: Beck'scher OK-BGB, Stand 01.02.2014, § 626 BGB, Rn. 17.
[232] *BAG* 26.1.1995-2 AZR 649/94; *BAG* 12.1.2006-2 AZR 21/05.
[233] *LAG Rheinland-Pfalz*, BeckRS 2010, 71271.
[234] *LAG Niedersachsen*, NZA-RR 2010, 406.
[235] *Maschmann*, NZA-Beil, 2006, 14.
[236] *Fikentscher/Heinemann*, Schuldrecht, S. 5845, Rn. 1168.

Zeitpensums, arbeitet jedoch durchgehend langsamer als der Durchschnitt, hat der Arbeitgeber nicht die Möglichkeit, den Lohn entsprechend zu kürzen.[237] Unter der Ausschöpfung seiner persönlichen Leistungsfähigkeit schuldet der Arbeitnehmer weder einen bestimmten Arbeitserfolg noch eine vorgegebene Normalleistung.

Nicht nur die Beurteilung, welche Form von mangelhafter Leistung in der Praxis vorliegt, sondern auch die Feststellung, ob ein krankheitsbedingter Grund oder aber ein verhaltensbedingter Grund die Ursache für den Leistungsmangel ist, zeigt sich als äußerst schwierig. So kann beispielsweise der Alkoholkonsum am Arbeitsplatz einerseits als ein verhaltenswidriges Verhalten gesehen werden, womit der Arbeitnehmer bewusst und gewillt gegen seine vertraglichen Verpflichtungen verstößt, andererseits aber auch als Krankheit, deren Verlauf der Arbeitnehmer nicht steuern kann. Das folgende Kapitel soll zum Verständnis solche kündigungsrelevanten Einzelfälle näher hinterfragen und einordnen.

---

[237] *BAG* 11.12.2003 – 2 AZR 667/02.

E. Kündigungsrelevante Einzelfälle

Als personenbedingte Kündigungsgründe kommen zahlreiche Einzelfälle in Betracht. Im Hinblick auf eine krankheitsbedingte Kündigung sollen die praxisrelevantesten Fälle, der Alkohol- und Drogensucht, der Nikotinsucht, der AIDS-Erkrankung, der Erkrankung aufgrund eines Betriebsunfalls und der Burn-out-Erkrankung thematisiert werden. Sie beruhen auf der dazu ergangenen Rechtsprechung und sind grundsätzlich nicht zu verallgemeinern, sondern fallbezogen zu betrachten.

I. Alkohol

Nicht jeglicher Konsum von Alkohol bedeutet gleichzeitig Alkoholismus, aber es ist dann von einer Krankheit auszugehen, wenn der Genuss des Alkohols trotz besserer Einsicht weder reduziert noch gänzlich aufgegeben werden kann.[238] Im Jahre 1952 wurde der Begriff „Alkoholismus" durch die Weltgesundheitsorganisation (WHO) folgendermaßen definiert:

„Alkoholiker sind exzessive Trinker, deren Abhängigkeit vom Alkohol einen solchen Grad erreicht, dass sie deutliche geistige Störungen oder Konflikte in ihrer körperlichen und geistigen Gesundheit, ihrer mitmenschlichen Beziehungen, ihren sozialen und wirtschaftlichen Funktionen aufweisen; oder sie zeigen Vorstadien einer solchen Entwicklung."[239]

Dabei ergeben statistische Erhebungen, dass die Masse der Bevölkerung nur gelegentlich geringe Mengen von Alkohol zu sich nimmt. Jugendliche im Alter von 12-17 Jahren und Erwachsene zwischen 30 und 39 Jahren greifen jedoch verstärkt zu Spirituosen.[240]

Ist der Konsum von Alkohol nicht mehr selbst steuerbar, ist davon auszugehen, dass auch am Arbeitsplatz '' zur Flasche gegriffen '' wird. 10% aller Beschäftigten konsumierten im Jahr 2010 Alkohol in missbräuchlicher Weise an ihrem Arbeitsplatz

---

[238] BAG 26.1.1995 – 2 AZR 649/94 - AP Verhaltensbedingte Kündigung Nr. 34.
[239] *Vetter,* Psychiatrie, S. 172.
[240] *Honsa*, Alkohol- und Drogenmissbrauch im öffentl. Dienst, S. 259, Rn. 243.

und weitere 5% galten als alkoholabhängig.[241] Die Drogen- und Suchtberichte der folgenden Jahre geben keinen Aufschluss darüber, dass dieser Prozentwert inzwischen gesunken ist. Der Alkoholkonsum am Arbeitsplatz kann nicht auf bestimmte Berufsgruppen beschränkt werden, sondern tritt in allen Branchen und Berufsfeldern auf.[242]

Die Folgen für den Arbeitgeber, die durch die Alkoholkrankheit eines Arbeitnehmers entstehen, sind schwerwiegend. Statistisch gesehen fehlt ein alkoholkranker Mitarbeiter 16 mal häufiger als ein gesunder Mitarbeiter, erkrankt 2,5 mal so oft und ist 3,5 mal häufiger an Betriebsunfällen beteiligt.[243] Dabei wird geschätzt, dass 15-30% aller Betriebsunfälle auf den Fehler eines alkoholisierten Mitarbeiters zurückzuführen sind.[244]

Der krankhafte Missbrauch von Alkohol ist eine niemals heilbare Krankheit.[245] Der Betroffene darf unter keinen Umständen mehr mit Alkohol in Kontakt kommen, so dass auf diesem Weg die Symptome der Krankheit zumindest angehalten werden können, aber weder von einer Beseitigung noch von einer Heilung die Rede sein kann.[246] Dieser Umstand hat also zur Folge, dass jederzeit mit einem Rückfall gerechnet werden muss.

Arbeitsvertragliche Pflichtverletzungen des Arbeitnehmers, die infolge von Alkoholkonsum auftreten, können dann nicht zu einer verhaltensbedingten Kündigung führen, wenn der Arbeitnehmer unter einer krankhaften Alkoholsucht leidet. In solchen Fällen kann der Arbeitnehmer sein Verhalten nicht eigenmächtig kontrollieren, weder das Trinkverhalten noch die eigentliche Pflichtverletzung.[247] Eine verhaltensbedingte Kündigung kann nur dann wirksam ausgesprochen werden, wenn der Arbeitnehmer aufgrund seines Alkoholkonsums Pflichtverletzungen begeht, die er jedoch durch

---

[241] Drogen- und Suchtbericht 2011, S. 11.
[242] *Lepke*, Kündigung bei Krankheit, S. 353, Rn. 361.
[243] *Schmidt*, Alkoholkrankheit und Alkoholmißbrauch, S. 169.
[244] Drogen- und Suchtbericht 2012, S. 12.
[245] *BAG* 26.1.1995 NZA 1995, 517; *LAG Hamm* 15.1.1999 NZA 1999, 1221.
[246] *Lepke*, Kündigung bei Krankheit, S. 351, Rn. 359.
[247] *BAG* 9.4.1987 – 2 AZR 210/86 = NZA 1987, 811.

vertragsgerechtes Verhalten steuern könnte.[248] Andernfalls ist das Vertragsverhältnis durch eine personenbedingte Kündigung wegen Krankheit zu beenden.

Innerhalb der negativen Gesundheitsprognose ist abzuwägen, inwieweit von einer gesundheitlichen Besserung auszugehen ist. Besteht seitens des Arbeitnehmers keine Bereitschaft zur Durchführung einer Therapie, ist eine Negativprognose grundsätzlich gegeben.[249] Die Ablehnung einer entsprechenden Entziehungskur äußert sich auch dadurch, dass der Arbeitnehmer trotz entstandener Fehlzeiten oder Betriebsstörungen die Alkoholkrankheit verschweigt.[250]

Erklärt sich der Arbeitnehmer dagegen zu einer der Entziehung dienenden Kur bereit, ist es die Pflicht des Arbeitgebers, diese zu ermöglichen und das Ergebnis der Kur abzuwarten.[251] Weiterhin ist die Prognose im Falle einer vorliegenden Alkoholkrankheit von dem derzeitigen Suchtzustand und eventueller Therapiemaßnahmen in der Vergangenheit abhängig.[252] Bereits mehrfach durchgeführte erfolglose Therapien lassen darauf schließen, dass auch eine weitere Entziehungskur nicht den gewünschten Erfolg versprechen wird. Andererseits muss aber auch berücksichtigt werden, dass genau dieser Umstand für die Tatsache verantwortlich ist, dass es sich um eine so schwere Krankheit handelt. Nur ein dauerhafter Verzicht auf jegliche Form von Alkohol kann gewährleisten, dass der Arbeitnehmer keinen Rückfall erleidet. In der heutigen Zeit wird der Verbraucher jedoch ständig mit alkoholischen Getränken konfrontiert, sei es in den Medien, im Supermarkt, in der Werbung oder nur bei Freunden auf einer Gartenparty. Diese Gegebenheiten und teilweise Verlockungen erschweren die lebenslange Abstinenz von Alkohol erheblich.

Die betrieblichen Interessen können in vielerlei Hinsicht maßgeblich beeinträchtigt sein. Die oben aufgeführten statistischen Zahlen belegen, dass zum einen hohe Fehlzeiten entstehen können, die sich durch Langzeiterkrankungen oder aber auch durch häufige Kurzerkrankungen äußern. Zum anderen ist aufgrund des alkoholisierten

---

[248] *Berkowsky in*: Münchener Handbuch zum Arbeitsrecht, § 115, Rn. 74.
[249] *BAG 9.4.1987 – 2 AZR 210/86* = NZA 1987, 811.
[250] *BAG 17.6.1999 – 2 AZR 639/98.*
[251] *BAG 9.4.1987 – 2 AZR 210/87.*
[252] *BAG 9.4.1987 – 2 AZR 210/86.*

Geisteszustandes mit Leistungsminderungen in quantitativer sowie auch in qualitativer Weise zu rechnen. [253] Darüber hinaus besteht bei Alkoholsucht die Gefährdung der eigenen Person und die Gefährdung Dritter.[254] Besonders bei der Führung von Maschinen wird der alkoholisierte Arbeitnehmer Schwierigkeiten haben, diese zu steuern, geschweige denn unter Kontrolle zu halten.

Innerhalb der Interessenabwägung ist die Ursache für die Alkoholkrankheit des Arbeitnehmers einzubeziehen. Sie kann von psychologischer, physiologischer oder sogar genetischer Art sein. Nicht selten ist es der Fall, dass eine unzureichende soziale Integrität für die Trunksucht verantwortlich ist.[255] Es kann i.d.R. nicht davon ausgegangen werden, dass es sich bei dieser Krankheit um einen selbstverschuldeten Zustand handelt.[256] Dennoch ist der Arbeitnehmer dazu verpflichtet, Mithilfe bei der Ursachenforschung seiner Krankheit zu leisten. Da sich für ihn selbst die Gründe oftmals nicht erschließen lassen, hat er seinen Arzt zur Aufdeckung der Krankheitsursachen von der Schweigepflicht zu befreien.[257]

Wie auch bei der allgemeinen Form einer krankheitsbedingten Kündigung kann nicht die Krankheit als solche einen Kündigungsgrund darstellen. Für den Arbeitgeber hat dies zur Folge, dass er sich vertraglich nur dann von dem alkoholkranken Mitarbeiter trennen kann, wenn Pflichtverletzungen begangen werden.

II. Drogen

Eine statistische Auswertung durch die ESA (Epidemiologische Suchtsurvey) zeigt, dass jeder vierte Erwachsene im Alter von 18 und 64 Jahren bereits illegale Drogen konsumiert hat. Der größte Teil fällt dabei unter diverse Cannabisprodukte. 7,4% der Befragten haben darüberhinaus Erfahrungen mit dem Konsum chemischer Substanzen gemacht. Es ist davon auszugehen, dass derartige Drogen wie z.B. Heroin, Kokain oder Amphetamine in der BRD von schätzungsweise 200.000 Personen regelmäßig in

---

[253] *Berkowsky in*: Münchener Handbuch zum Arbeitsrecht, § 115, Rn. 73.
[254] *Hergenröder* in: Münchener Kommentar zum BGB, § 1 KSchG, Rn. 140.
[255] Gottwald, NZA 1997, 635,636.
[256] BAG AP LohnFG § 1 Nr. 54.
[257] *BAG* NJW 1988, 1546, 1547.

Gebrauch genommen werden.[258] Dabei handelt es sich mutmaßlich nur um die Dunkelziffer.

Wie auch im Falle des Alkoholismus handelt es sich bei regelmäßigem, nicht steuerbarem (illegalem) Drogenkonsum um eine Suchterkrankung. Der Unterschied zwischen beiden Krankheiten liegt jedoch im zu beurteilenden Verschuldungsgrad des Erkrankten. Während der Genuss von Alkohol für Erwachsene grundsätzlich erlaubt ist und dieser in jedem Supermarkt käuflich zu erwerben ist, gestaltet sich der Umgang mit Betäubungsmitteln u.U. als strafbar. Dabei verstößt zwar nicht der Konsum als solches gegen das BtMG, aber in jedem Fall der Besitz, der Handel und die Einfuhr von Drogen. Der Grund dafür liegt u.a. in der großen Gefahr der Abhängigkeit. Da jeder, der zu einer Form von Betäubungsmitteln greift, bewusst das Risiko der Abhängigkeit in Kauf nimmt, wird der eingetretene Zustand der Drogensucht mit dem Verschulden des Arbeitnehmers gerechtfertigt.[259] Für die aus der Suchtkrankheit entstehenden Folgen, wie z.B. erbrachte Minderleistung oder das Auftreten von Fehlzeiten trifft ihn zwar kein unmittelbares Verschulden, aber dennoch kann nicht von dem Arbeitgeber verlangt werden, dass dieser die Konsequenzen zu tragen hat und Therapiemaßnahmen ermöglichen muss.[260]

Abhängig von der Art der Droge kann sich sogar der Konsum, der in der Freizeit erfolgt ist, dennoch auf die Arbeitszeit des Arbeitnehmers auswirken. Es ist davon auszugehen, dass Rauschzustände und die daraus resultierenden Verhaltens- und Wahrnehmungsstörungen über mehrere Stunden hinweg andauern können. Das LAG Berlin-Brandenburg hatte diesbezüglich den Fall eines Gleisbauers zu entscheiden, dem wegen erhöhter Cannabinolwerte gekündigt wurde.[261] Zwar erklärte das LAG die Kündigung aus formalen Gründen für unwirksam, aber sah in dem Umstand des Cannabiskonsums ein erhöhtes Sicherheitsrisiko in Bezug auf den auszuführenden Job. Der Arbeitnehmer konnte als Gleisbauer nicht mehr eingesetzt werden, womit die Klage auf tatsächliche Beschäftigung keinen Erfolg hatte. Besteht für den Arbeitgeber keine Möglichkeit die Arbeitsfähigkeit seiner Mitarbeiter zu untersuchen, ist es ihm

---

[258] *Die Drogenbeauftragte der Bundesregierung*, Situation in Deutschland.
[259] *Berkowsky in*: Münchener Handbuch zum Arbeitsrecht, § 115, Rn. 78.
[260] *Berkowsky in*: Münchener Handbuch zum Arbeitsrecht, § 115, Rn. 78.
[261] *LAG Berlin-Brandenburg* 28.8.2012 – 19 Sa 306/12.

sogar erlaubt eine solche Untersuchung mit Hilfe von routinemäßigen Drogentests durchzuführen.[262] Dabei muss jedoch berücksichtigt werden, dass es sich bei derartigen Tests um schwerwiegende Eingriffe in die Persönlichkeitsrechte des Arbeitnehmers handelt, so dass sie nur gerechtfertigt werden können, wenn die betroffenen Arbeiten ein gewisses Maß an Gefahrenpotential mit sich bringen oder ein konkreter Verdacht auf den Konsum von Drogen besteht.

Anders sind dagegen die Fälle zu beurteilen, in denen der Arbeitnehmer aufgrund nicht vorwerfbarer Gegebenheiten Betäubungsmittel konsumiert. Ein solches Nicht-Verschulden liegt z.B. dann vor, wenn der Konsum von Betäubungsmitteln unter Gewalt stattgefunden hat oder zur Schmerzlinderung von einem Arzt verschrieben wurde.[263] Ein solcher unverschuldeter Umstand muss innerhalb der Interessenabwägung zu Gunsten des Arbeitnehmers ausgelegt werden.

In keinem Fall von krankheitsbedingtem Suchtverhalten bedarf es im Vorfeld der Kündigung einer Abmahnung, da davon auszugehen ist, dass aufgrund des nicht steuerbaren Verhaltens die Abmahnung nicht ihre Warnfunktion erfüllt und der Mitarbeiter auf diesem Weg nicht ausreichend motiviert werden kann, den Missbrauch von Drogen zu beenden.[264]

Wird der Arbeitgeber damit konfrontiert, dass einer seiner Mitarbeiter Drogen konsumiert, so kann zusammenfassend festgestellt werden, dass zunächst untersucht werden muss, ob es sich um gelegentlichen, selbststeuerbaren Konsum handelt oder von einer Suchtkrankheit auszugehen ist. Weiterhin hat der Arbeitgeber mit der Unterstützung des Arbeitnehmers Ursachenforschung zu betreiben, welche Umstände für den Konsum der Drogen ausschlaggebend waren. Dementsprechend kann dann über die weitere Vorgehensweise entschieden werden und der Arbeitgeber kann beurteilen, ob die Möglichkeit einer Abmahnung in Betracht kommt oder ob eine personenbedingte Kündigung ausgesprochen werden soll.

---

[262] *ArbG Hamburg* 1.9.2006 – 27 Ca 136/06.
[263] *Feichtinger* in: EFZG, § 3 EFZG, Rn. 152.
[264] *Berkowsky* in: Münchener Handbuch zum Arbeitsrecht, § 115, Rn. 73.

Es muss betont werden, dass es jedoch grundsätzlich das Ziel eines jeden Arbeitgebers sein sollte, die vorliegende Problematik nicht durch die sofortige Freisetzung des Arbeitnehmers zu lösen, sondern unter der Voraussetzung, dass die Umstände dies zulassen, eine Hilfestellung zu bieten, die dem Arbeitnehmer ermöglicht, auf den Konsum von Betäubungsmitteln langfristig zu verzichten.

III. Nikotinsucht

Genauso wie die Alkoholabhängigkeit und die Drogensucht zählt das langfristige starke Rauchen von Nikotin zu einer Suchtkrankheit, dessen direkte Folge der Tod sein kann. In der BRD sterben jährlich ca. 110.000 Menschen aufgrund von tabakbedingten Krebserkrankungen, Herz-Kreislauf- und Atemwegs-Erkrankungen, die durch Nikotinsucht verursacht werden.[265]

Anders als bei der Alkohol- und Drogenabhängigkeit befindet sich der Nikotin rauchende Arbeitnehmer in keinem Rauschzustand und ist nicht in seiner Leistungsfähigkeit eingeschränkt, solange Folgekrankheiten ausbleiben.[266]

Problematisch für den Arbeitgeber ist jedoch die Tatsache, dass der nikotinsüchtige Arbeitnehmer auch während der Arbeitszeit vermehrt das Bedürfnis verspürt, eine Zigarette zu rauchen. Die zur Befriedigung des Bedürfnisses eingelegten Raucherpausen führen zu erhöhten Fehlzeiten des Arbeitnehmers. Ist in einem Betrieb das Rauchen beispielsweise nur in speziell dafür vorgesehenen Raucherkabinen (z.B. im Chemieunternehmen) möglich, so kann eine Raucherpause einschließlich des Hin- und Rückwegs zur Kabine ohne weiteres acht bis zehn Minuten andauern. Eine Möglichkeit, die Fehlzeiten aufgrund der Zigarettenpausen zu kontrollieren ist die Nutzung eines Stempelsystems. So ist jeder Mitarbeiter verpflichtet, sich vor Antritt der Pause auszustempeln und mit Rückkehr an seinen Arbeitsplatz wieder einzustempeln. Hält sich der Arbeitnehmer nicht an diese Abmachung, können entstandene Fehlzeiten aufgrund von Tabakabhängigkeit grundsätzlich eine ordentliche Kündigung rechtfertigen.

---

[265] *Die Drogenbeauftragte der Bundesregierung*, Situation in Deutschland.
[266] *Lepke*, Kündigung bei Krankheit, S. 406, Rn. 400.

Das LAG Rheinland-Pfalz hatte diesbezüglich den Fall eines klagenden Maschinenführers zu entscheiden, in dem es um die fristlose Kündigung wegen der Nicht-Ausstempelung von Raucherpausen ging.[267] Seit dem Jahr 2002 wurde der Arbeitnehmer in sechsfacher Weise durch seinen Arbeitgeber abgemahnt und auf seine Verstöße hinsichtlich der Zigarettenpausen aufmerksam gemacht. Da der nikotinsüchtige Arbeitnehmer sein Verhalten nicht besserte, erhielt er im Jahr 2007 eine einschlägige ordentliche Kündigung, wobei man sich in einem nachfolgenden Vergleich jedoch auf die Fortsetzung des Arbeitsverhältnisses einigte. Nach einer im Jahr 2008 ausgehändigten Betriebsanweisung, welche die Androhung einer fristlosen Kündigung bei Missachtung des Rauchverbotes zum Gegenstand hatte, wurde diese Androhung nach weiteren Verstößen durch den Arbeitnehmer in die Tat umgesetzt. Das LAG sah die fristlose Kündigung als wirksam an, da der Arbeitnehmer der geschuldeten Arbeitszeit nicht vertragsgemäß nachgekommen war und keine Bereitschaft zeigte, sein Verhalten trotz eindeutiger Warnungen zu ändern. Schließlich hat der Arbeitnehmer keinen Anspruch auf bezahlte Raucherpausen.

IV. AIDS

Die vergangenen Jahre zeigen, dass AIDS als Krankheit und die darauf gestützte Kündigung wegen AIDS vermehrt diskutiert werden.[268] Eckdaten des Robert Koch Instituts geben darüber Aufschluss, dass in der BRD Ende 2011 ca. 78.000 Menschen mit dem tödlichen Virus infiziert waren (63.000 Männer, 15.000 Frauen), wobei die Zahl der noch nicht diagnostizierten Erkrankungen auf zusätzlich 14.000 geschätzt wird.[269]

Die Abkürzung AIDS steht für die englische Bezeichnung „Acquired Immune Defiency Syndrom" und ist kennzeichnend für einen Krankheitskomplex, bei dem eine durch Viren hervorgerufene Immunschwäche die körperliche Abwehrfähigkeit, Krankheitserreger zu bekämpfen, verringert.[270] Das verantwortliche Virus ist allgemein unter der Abkürzung HIV (Human Immune Defiency Virus) bekannt. Häufig werden die Bezeichnungen AIDS und HIV nicht differenziert voneinander betrachtet bzw. als ein

---

[267] *LAG Rheinland-Pfalz* 6.5.2010 – 10 Sa 712/09.
[268] *Berkowsky in*: Münchener Handbuch zum Arbeitsrecht, § 115, Rn. 80.
[269] *Deutsche AIDS-Hilfe*, HIV in Zahlen.
[270] *Rudolf*, Freunde für gewisse Stunden, S. 9.

und das Selbe ausgelegt. Dabei handelt es sich bei AIDS um das letzte Krankheitsstadium, in dem von erheblichem Leistungsabfall auszugehen ist[271], wohingegen HIV nur das Infektionsvirus ist, welches u.U. auch erst 15 Jahre nach dem Zeitpunkt der Ansteckung zum Krankheitsausbruch führen kann[272]. Eine Übertragung des Virus erfolgt ausschließlich über Blut, Sperma, Scheidenflüssigkeit und Muttermilch.[273] Für die Zusammenarbeit mit einem infizierten Kollegen bedeutet dies also, dass zunächst von keiner Ansteckungsgefahr auszugehen ist, da eine Übertragung durch Husten, Schnupfen, Umarmungen oder Berührungen und die gemeinsame Nutzung von Toiletten und Duschen ausgeschlossen ist. Ausgenommen davon sind Berufe, bei denen der Umgang mit den aufgeführten Körperflüssigkeiten zum Arbeitsalltag zählt wie z.B. bei einem Krankenpfleger oder bei Ärzten.

Eine Kündigung wegen AIDS richtet sich nach den Maßstäben einer krankheitsbedingten Kündigung und wird nicht mit der Krankheit als solche, sondern mit den daraus folgenden Konsequenzen begründet.[274]
Da sich der Verlauf der Krankheit ganz unterschiedlich auswirken kann, sind im Rahmen der negativen Gesundheitsprognose die Krankheitsart und die zu erwartende Entwicklung von Bedeutung. Im Falle von AIDS ist von einer Negativprognose grundsätzlich auszugehen, da keine Chance auf eine Heilung besteht. Aufgrund der bloßen Infektion des HIV ist eine personenbedingte Kündigung i.d.R. aber nicht durchsetzbar, da der Arbeitnehmer ohne Weiteres in der Lage sein kann, über einen Zeitraum von mehreren Jahren, die geschuldete Arbeit ohne Einschränkung zu erfüllen.[275]

Das BAG sah in einer Kündigung, die auf eine HIV-Infektion gestützt war, eine Diskriminierung wegen einer Behinderung.[276] Mit dieser Entscheidung hatte das Gericht die Vorgaben des EuGH umgesetzt, der in Auslegung der europäischen Anti-Diskriminierungsrichtlinie betonte, dass genauso heilbare wie auch unheilbare

---

[271] *Berkowsky in*: Münchener Handbuch zum Arbeitsrecht, § 115, Rn. 81.
[272] Hergenröder in: Münchener Kommentar zum BGB, § 1 KSchG, Rn. 136.
[273] BZgA, HIV-Übertragung.
[274] *Lepke*, DB 1987, 1299.
[275] *Berkowsky in*: Münchener Handbuch zum Arbeitsrecht, § 115, Rn. 82.
[276] *BAG* 19.12.2013 Az. 6 AZR 190/12.

Erkrankungen als Behinderung i.S. der Richtlinie zu verstehen sind.[277] Es ist nun von der Gefahr auszugehen, dass in Zukunft zunehmend chronische Krankheiten als Behinderung anerkannt werden und eine personenbedingte Kündigung dann aus Gründen der Diskriminierung nur noch schwer durchsetzbar ist.

Die grundsätzliche Gleichstellung mit einer Behinderung muss kritisch betrachtet werden. Dem Diskriminierungsvorwurf ist im Rahmen einer Kündigung, die aufgrund einer HIV-Infektion ausgesprochen wird, zuzustimmen. Diese Zustimmung sollte jedoch nur unter der Voraussetzung erfolgen, dass zum einen gewährleistet werden kann, dass nicht von einer Ansteckungsgefahr der Kollegen und Kolleginnen auszugehen ist und zum anderen die Infektion als solche noch keine Auswirkungen auf die Leistungsfähigkeit des betroffenen Arbeitnehmers hat. Andernfalls überwiegen die Interessen des Arbeitgebers, der in der Fürsorgepflicht gegenüber den weiteren Arbeitnehmern steht und die Wirtschaftlichkeit des Unternehmens wahren muss. I.d.R. ist davon auszugehen, dass chronische Krankheiten im Vergleich zu einer HIV-Infektion sehr wohl Auswirkungen auf die Leistungsfähigkeit und die gesundheitliche Verfassung des Arbeitnehmers haben. Betrachtet man nur alleine die Krankheitsformen von Demenz, Parkinson oder Schizophrenie, die zwar chronischer Natur sind, aber dennoch schwerwiegende Auswirkungen auf die Eignungsfähigkeit haben, so lässt sich schlussfolgern, dass eine chronische Krankheit nicht grundsätzlich mit einer Behinderung verglichen oder sogar gleichgestellt werden kann. Das Urteil des BAG darf daher nicht zur Folge haben, dass den Arbeitgeber von nun an eine grundsätzliche Erschwernis in Bezug auf die Kündigung von Langzeiterkrankten und chronisch Kranken trifft.

Werden die betrieblichen Interessen durch die Gefährdung anderer Arbeitnehmer beeinträchtigt, so ist zunächst zu prüfen, ob Maßnahmen in Betracht kommen, die eine Ansteckungsgefahr verhindern.[278] Dafür kommt z.B. das Tragen bestimmter Schutzkleidung oder die Versetzung an einen anderen Arbeitsplatz in Frage.[279] Trotz jeglicher Vorsorgemaßnahmen kann es dennoch vorkommen, dass Kolleginnen und Kollegen die gemeinsame Zusammenarbeit mit dem infizierten Arbeitnehmer

---

[277] *EuGH* 11.4.2013 Az. C-335/11.
[278] Hergenröder in: Münchener Kommentar zum BGB, § 1 KSchG, Rn. 136.
[279] *Lepke*, DB 1987, 1299, 1300.

boykottieren. Gerade die Unheilbarkeit der Krankheit und die schwerwiegenden Auswirkungen, die in den meisten Fällen bis zum Tod hin reichen, bereiten den anderen Mitarbeitern Angst. Daher ist nachvollziehbar, dass sie den Arbeitgeber dazu auffordern, den erkrankten Arbeitnehmer zu entlassen und setzen ihn mit der Androhung negativer Konsequenzen unter Druck.[280] Die Aufforderung Dritter, dem entsprechenden Arbeitnehmer zu kündigen, kann als Kündigungsgrund anerkannt werden, so dass für den Arbeitgeber die sogenannte Druckkündigung in Betracht kommt, wozu der Arbeitgeber jedoch nicht verpflichtet ist[281]. Stellt sich heraus, dass die Aufforderung unbegründet ist, da der infizierte Mitarbeiter in einem Einzelbüro sitzt und jeglicher Kontakt ausgeschlossen ist, hat der Arbeitgeber ihn zu schützen und muss versuchen die Bedenken der Kollegen und Kolleginnen aus dem Weg zu räumen.[282]

V.   Erkrankungen aufgrund eines Betriebsunfalls

Erleidet der Arbeitnehmer einen Betriebsunfall oder erkrankt an einer Berufskrankheit, besteht für den Arbeitgeber dennoch die Möglichkeit eine krankheitsbedingte Kündigung aufgrund von langandauernder Arbeitsunfähigkeit oder häufiger Kurzerkrankungen auszusprechen. Wie alle anderen krankheitsbedingten Kündigungen unterliegt auch diese Kündigung der dreistufigen Überprüfung der sozialen Rechtfertigung.

Nach § 8 I SGB VII, ist ein Unfall ein von außen auf den Menschen einwirkendes Ereignis, das zu einem Gesundheitsschaden oder zum Tod führt. Von einem Arbeitsunfall ist dann auszugehen, wenn der Arbeitnehmer im Rahmen seiner versicherungspflichtigen Tätigkeit einen Unfall erleidet. Nicht zu einem Arbeitsunfall zählen damit Unfälle, die während der Freizeitgestaltung des Arbeitnehmers passieren.

Bei einer Berufskrankheit handelt es sich dagegen um eine Erkrankung, die ein Arbeitnehmer bedingt durch seine berufliche Tätigkeit erleidet, indem er besonderen Einwirkungen in erheblich intensiverem Maß ausgesetzt ist, als der Rest der

---

[280] *Pulte*, Kündigung von Arbeitsverhältnissen, S. 21.
[281] *Preis*, Arbeitsrecht, § 64 IV 2.
[282] *Pulte*, Kündigung von Arbeitsverhältnissen, S. 21.

Bevölkerung.[283] Alle anerkannten Berufskrankheiten sind in der BVK (Berufskrankheiten-Verordnung) aufgelistet und dürfen nach § 9 I SGB VII ausschließlich durch die Bundesregierung aktualisiert und abgeändert werden.

Besonders im Rahmen eines Arbeitsunfalls oder einer Berufskrankheit gilt der strenge Maßstab innerhalb der Interessenabwägung, der zu Gunsten des Arbeitnehmers auszulegen ist.[284] Liegt eine unverschuldete Erkrankung des Arbeitnehmers vor, die auf eine betriebliche Ursache zurückzuführen ist, hat der Arbeitgeber eine erhöhte Anzahl an Fehltagen in Kauf zu nehmen.[285] Zur Rechtfertigung der Kündigung muss der Arbeitgeber darlegen können, dass auch in Zukunft mit Fehltagen oder einer erheblichen Minderleistung zu rechnen ist, die aufgrund eines Betriebsunfalls oder einer Betriebskrankheit entstehen. Gelingt es dem Arbeitgeber nicht zu belegen, dass auch künftig von Arbeitsunfällen und deren schwerwiegenden Folgen auszugehen ist, kann die Kündigung sozial nicht gerechtfertigt werden.[286]

Anders dagegen entschied das ArbG Solingen den Fall eines Industriemechanikers, der sich bedingt durch einen Arbeitsunfall 4 Finger der rechten Hand abtrennte.[287] Zum Zeitpunkt des Unfalls belief sich die Beschäftigungsdauer des Arbeitnehmers auf gerade mal zwei Monate, so dass sich dieser noch in der Probezeit befand. Da die sechsmonatige Wartezeit noch nicht verstrichen war fand das KSchG keine Anwendung. Der Kläger konnte nicht belegen, dass es sich um eine sittenwidrige oder eine treuwidrige Kündigung handelte, so dass das ArbG Solingen die Beendigung des Arbeitsverhältnisses als gerechtfertigt ansah.

VI. Burnout-Syndrom

Die Entwicklung der vergangenen Jahre zeigt, dass das Burnout-Syndrom schon allein aufgrund der dadurch bedingten stetig ansteigenden Fehltage immer mehr an Bedeutung für die Arbeitswelt gewinnt. Während im Jahr 2004 noch 4,6 Krankheitstage

---

[283] *BfGA*, Berufskrankheit.
[284] *BAG* NZA 1990, 305, 306.
[285] *Berkowsky* NZA-RR 2001, 393, 399.
[286] *LAG Rheinland-Pfalz* 12.4.2006 – 10 Sa 977/05.
[287] *ArbG Solingen* 10.5.2012 – 2 Ca 198/12.

auf 1.000 Versicherte kamen (Rentner ausgeschlossen), konnten im Jahr 2012 bereits 87,5 Fehltage auf das Burnout-Syndrom zurückgeführt werden.[288] Besonders betroffen von diesem Zustand der psychischen und körperlichen Erschöpfung sind Frauen im Alter zwischen 40 und 64 Jahren.[289] Das Burnout-Syndrom ist innerhalb des internationalen Diagnoseklassifikationssystems ICD-10 nicht unter der Gruppe psychischer Erkrankungen zu finden, sondern wird als „Problem mit Bezug auf Schwierigkeiten bei der Lebensbewältigung" bezeichnet.[290] Dies bedeutet also, dass das Burnout-Syndrom in der Wissenschaft nicht als Krankheit anerkannt ist. Dennoch weist der Arbeitnehmer aufgrund dieser körperlichen und psychischen Einschränkung Fehltage auf und es stellt sich für den Arbeitgeber die Frage, ob eine krankheitsbedingte Kündigung in Erwägung gezogen werden kann, obwohl der Grund der Arbeitsunfähigkeit allgemein keine Anerkennung findet.

Unabhängig davon, ob eine Krankheit als solche anerkannt ist oder nicht, stehen für den Arbeitgeber jedoch die Fehlzeiten des gesundheitlich eingeschränkten Mitarbeiters im Vordergrund und die Konsequenzen, die er daraus zu tragen hat. Schließlich ist entscheidend, dass die körperliche und auch die emotionale Verfassung des Arbeitnehmers ihm nicht mehr erlauben, der Erfüllung seiner Arbeitspflicht nachzugehen. Somit ist, wie auch bei den anderen Fällen einer krankheitsbedingten Kündigung das dreistufige Prüfungsverfahren anzuwenden. Ist die Genesung zum Zeitpunkt der Kündigung noch völlig ungewiss und kann der Arbeitgeber die Beeinträchtigung der betrieblichen Interessen nicht weiter hinnehmen, so kann die personenbedingte Kündigung in Betracht gezogen werden.[291]

Befindet sich der Arbeitnehmer in stationärer Behandlung, so ist es dem Arbeitgeber rein rechtlich sogar gestattet, das Kündigungsschreiben am Krankenbett zu übergeben.

So hatte das LAG Hamm den Fall eines Systemtechnikers entschieden, der bereits seit eineinhalb Jahren aufgrund von Depressionen erkrankt war und stationär in einer

---

[288] *Statista*, Krankheitstage durch das Burnout-Syndrom.
[289] *Statista*, Durchschnittliche Anzahl Arbeitsunfähigkeitstage.
[290] *ICD-Code*, Z73, Probleme mit Bezug auf Schwierigkeiten bei der Lebensbewältigung.
[291] *BAG* 29.4.1999 – 2 AZR 431/98.

Nervenklinik betreut wurde.[292] Den Schriftsatz der Kündigung ließ der Arbeitgeber durch einen Mitarbeiter übergeben, der dafür das Krankenhaus aufsuchte, in dem sich der Systemtechniker einer Behandlung unterzog. Wohingegen das ArbG Detmold die Kündigung wegen dem Verstoß gegen Treu und Glauben als nicht rechtswirksam sah[293], empfand das LAG die Art und Weise der Kündigungsübergabe zwar menschlich nicht als Kavaliersdelikt, aber hielt die Kündigung als solche dennoch für wirksam. Auch wenn im Hinblick auf die Depressionen des Arbeitnehmers mit einer zusätzlichen Belastung zu rechnen ist, die auf die Zustellungsart der Kündigung zurückzuführen ist, so vertritt das LAG die Auffassung, dass eine alternative schonendere Zustellung die Belastung nur zeitlich verzögert hätte.

Die Entscheidung zeigt, dass der Arbeitgeber zur Wahrung der Fristen nicht daran gebunden ist, das Kündigungsschreiben postalisch zu versenden, sondern auch die persönliche Übergabe am Krankenhausbett vollziehen darf. Dabei kommt es nicht darauf an, ob der Arbeitnehmer aufgrund von psychischen oder physischen Beschwerden behandelt wird.

---

[292] *LAG Hamm* 3.2.2004, 19 Sa 1956/03.
[293] *ArbG Detmold* 23.10.2003 - 3 Ca 559/03.

F. Die personenbedingte Kündigung wegen Krankheit in der Rechtsprechung

Die Durchsetzbarkeit einer personenbedingten Kündigung im Rahmen einer durch die Rechtsprechung entwickelten Fallgruppe bringt genauso wie die Kündigung aufgrund eines krankheitsbedingten Einzelfalls die Voraussetzung mit, ausschließlich als letztmögliches Mittel in Betracht gezogen zu werden. Grundsätzlich ist der Literatur zu entnehmen, dass der Arbeitgeber zu prüfen hat, ob ein anderer Arbeitsplatz für den gesundheitlich eingeschränkten Mitarbeiter in Betracht kommt und ihm zur Verfügung gestellt werden kann.

Mit Hilfe einschlägiger Urteilbesprechungen und der Ausübung entsprechender Kritik soll dieses Kapitel konkretisieren, in welchem Rahmen der Arbeitgeber dazu verpflichtet ist, ein Eingliederungsmanagement durchzuführen, in welcher Form dieses gestaltet werden muss und welche Konsequenzen bei einer Nichtberücksichtigung drohen. Darüber hinaus soll die jüngste Rechtsprechung die Entwicklung hinsichtlich der Erfordernisse des Eingliederungsmanagements aufzeigen.

I. Krankheitsbedingte Kündigung unter der Berücksichtigung des betrieblichen Eingliederungsmanagements

Der vorliegende Rechtsstreit setzt sich mit der Thematik des BEM auseinander und fokussiert die Frage, ob ein Versuch der leidensgerechten Umgestaltung des Arbeitsplatzes Voraussetzung für die Durchsetzbarkeit einer krankheitsbedingten Kündigung ist.

Das Verfahren wird zunächst durch das ArbG Hagen eingeleitet.[294] Das LAG Hamm weist die Berufung des Klägers gegen das Urteil des ArbG Hagen zurück.[295] Auf die Revision des Klägers erfolgt die Aufhebung des Urteils des LAG Hamm und der Rechtsstreit wird zur Neuverhandlung an das LAG zurückgewiesen.[296]

---

[294] *ArbG Hagen* 27.9.2005 - 5 Ca 2970/04.
[295] *LAG Hamm* 29.3.2006 – Az 18 Sa 2104/05.
[296] *BAG* 12.7.2007 – Az 2 AZR 716/06.

1. Sachverhalt

Bei dem Kläger des vorliegenden Rechtsstreites handelt es sich um einen verheirateten Familienvater, der seit dem 03.08.1981 als Maschinenarbeiter bei der Beklagten beschäftigt ist. Zu seinen täglichen Aufgaben zählte die Bearbeitung von Werkstücken. Ein Arbeitsprozess gestaltete sich durch das Einlegen und Festspannen der Werkstücke in die Spannvorrichtung der Bearbeitungsmaschine sowie das Ausspannen und Ablegen der bearbeiteten Stücke nach Beendigung des Fertigungsprozesses. Zur Weiterverarbeitung hatte der Kläger die Werkstücke dann mit einem handgeführten Hubwagen zu transportieren.[297]

Der an einem Bandscheibenvorfall leidende Kläger war seit dem 26.03.2002 arbeitsunfähig und bezog sechs Wochen später Krankengeld und Leistungen der Arbeitsverwaltung. Am 24.Februar des Folgejahres unterzog er sich einer Operation zur Entfernung des Bandscheibenvorfalles und führte ab dem 21.07.2003 für knapp einen Monat ambulante Maßnahmen zur Rehabilitation durch. Auf Nachfrage der Beklagten teilte der Kläger schriftlich mit, dass der Verlauf seiner gesundheitlichen Entwicklung noch ungewiss sei, er aber zumindest nicht in der Lage ist, die Arbeit wieder aufzunehmen, da die Operation sowie auch die Rehamaßnahmen erfolglos waren. Darüber hinaus kündigte er an, dass eine zweite Operation in nicht absehbarer Zeit folgen wird.[298]

Am 28.11.2003 führten die Beklagte und der Kläger unter Beisein des Betriebsarztes und eines Mitglieds des Betriebsrates ein Sozialgespräch, welches der Aufklärung des Gesundheitszustandes dienen sollte. Da der Kläger jedoch trotz vorheriger Aufforderung der Beklagten keine Krankenakten vorzeigte, konnte auch der Werksarzt keine Stellung zu seiner gesundheitlichen Entwicklung beziehen.

Aufgrund der andauernden Beschwerden ließ sich der Kläger im Dezember 2003 erneut stationär behandeln, was aber wiederum zu keinem Erfolg führte. Im Oktober 2004 erkundigte sich die Beklagte erneut nach der gesundheitlichen Verfassung des

---

[297] *ArbG Hagen* 27.9.2005 - 5 Ca 2970/04.
[298] *LAG Hamm* 29.3.2006 – Az 18 Sa 2104/05.

Klägers und bat um Stellungnahme im Hinblick auf eine mögliche Wiederaufnahme der Arbeit. Nachdem keine Reaktion erfolgte, kündigte die Beklagte das Arbeitsverhältnis mit dem erkrankten Arbeitnehmer am 29.10.2004 zum 30.04.2005. Der Betriebsrat stimmte dieser Kündigung ordnungsgemäß zu. Der Kläger erhob am 12.11.2004 fristgerecht eine Kündigungsschutzklage und beantragte die Feststellung darüber, dass das Arbeitsverhältnis zwischen den beiden Parteien nicht aufgelöst wurde und die Verurteilung der Beklagten den Kläger bis zum Abschluss des Rechtsstreits als Maschinenarbeiter weiter zu beschäftigen.[299]

2.   Entscheidungen der Gerichte

Das ArbG Hagen sah zum Zeitpunkt der Kündigung keine Aussichten auf eine Besserung des gesundheitlichen Zustandes des Klägers. Da ausschließlich der Kündigungszeitpunkt maßgeblich ist und Aussichten einer gesundheitlichen Besserung nach Aussprache der Kündigung nicht mehr zu einer Korrektur der Prognose führen können, ist nach wie vor von einer Ungewissheit der Arbeitsfähigkeit auszugehen. Die unabsehbare Arbeitsunfähigkeit, die sich zumindest auf einen Zeitraum von 24 Monaten erstreckt, sieht das Gericht, orientiert an der Entscheidung des BAG[300], auch gleichzeitig als erhebliche Beeinträchtigung betrieblicher Interessen.

Die durch den Kläger verlangte Arbeitsplatzanpassung entsprach der Auffassung des ArbG zur Folge nicht der Pflicht des Arbeitgebers. Die Regelungen des § 84 II SGB IX, indem es heißt, dass Beschäftigte, die innerhalb eines Jahres länger als sechs Wochen arbeitsunfähig sind, die Möglichkeit der Überwindung der Arbeitsunfähigkeit durch die Erhaltung des Arbeitsplatzes in Form des betrieblichen Eingliederungs-managements bekommen sollen, seien ausschließlich auf den Arbeitnehmerkreis schwerbehinderter Menschen anzuwenden. Die Weiterbeschäftigung auf einem leidensgerechten Arbeitsplatz käme insbesondere dann in Betracht, wenn der Arbeitnehmer einen Betriebsunfall erlitten hat.

---

[299] *ArbG Hagen* 27.9.2005 - 5 Ca 2970/04.
[300] BAG 12.4.2002 – 2 AZR 148/01.

Der Entscheidung des ArbG Hagen ist zu entnehmen, dass eine Interessenabwägung nur in absoluten Ausnahmefällen bei besonderer Schutzwürdigkeit des Arbeitnehmers, zu dessen Gunsten ausfallen kann, wofür der vorliegende Sachverhalt der gerichtlichen Auffassung nach jedoch keine Anhaltspunkte gibt.

Das ArbG weist die Klage mit der Begründung ab, dass keine sozialwidrigen Anhaltspunkte zu erkennen sind.

Gegen das Urteil des ArbG Hagen legt der Kläger am 10.11.2005 Berufung ein, da es zum einen an einer negativen Zukunftsprognose fehle und zum anderen die Berücksichtigung des § 84 II SGB IX keine ordnungsgemäße Beachtung findet.

Auch das LAG Hamm sieht in zweiter Instanz die Kündigung als rechtswirksam und ist in seinen Entscheidungspunkten weitestgehend konform zu den Begründungen des Urteils des ArbG Hagen. Im Rahmen der Arbeitsplatzanpassung geht dem Schriftsatz des LAG hervor, dass der Kläger in der mündlichen Verhandlung vortrug, als Etikettierer beschäftigt werden zu können. Dieser Vorschlag konnte durch die einfache Ablehnung seitens des Arbeitgebers beseitigt werden. Das LAG empfand die Art und Weise dieser Abweisung als ausreichend.

Im Gegensatz zum ArbG zieht das LAG, wenn auch nur vorsichtig in Erwägung, dass die Vorschrift zur Regelung des BEM nicht ausschließlich auf den Personenkreis der schwerbehinderten Arbeitnehmer anzuwenden sein könnte, sondern auch auf die übrigen Beschäftigten.[301] Dennoch ist das Gericht aber der Meinung, dass selbst die Anwendbarkeit dieser gesetzlichen Norm auf alle Beschäftigten, im vorliegenden Fall zu keinem anderen Ergebnis führen würde, weil die Weiterbeschäftigung des erkrankten Arbeitnehmers auf einem leidensgerechten Arbeitsplatz aus gutachterlicher Sicht nicht zu realisieren ist.

Übereinstimmend zur erstinstanzlichen Entscheidung hat der Kläger somit keinen Anspruch auf eine Weiterbeschäftigung, da die Kündigung nicht als rechtsunwirksam gesehen werden kann.

---

[301] *LAG Hamm* 29.3.2006 – Az 18 Sa 2104/05.

Die darauffolgende Revision des Klägers führt zur Aufhebung des Berufungsurteils. Das BAG fokussiert sich in seiner Entscheidung auf die Durchführung eines BEM und zeigt dazu eine andere Auffassung als die zuvor involvierten Gerichte.[302] Es kritisiert die nicht ausreichende Berücksichtigung des Verhältnismäßigkeitsgrundsatzes. Eine Kündigung ist nur dann rechtswirksam, wenn sie nicht durch andere mildere Mittel vermieden werden kann und zur Beseitigung betrieblicher Beeinträchtigungen oder vertraglicher Störungen geeignet ist.[303] Der Arbeitgeber muss somit mehrere Möglichkeiten prüfen, die zumutbar und geeignet sind, Fehlzeiten des Arbeitnehmers in Zukunft zu vermeiden ohne Beendigung des Arbeitsverhältnisses. Im Rahmen einer krankheitsbedingten Kündigung hat der Arbeitgeber alle leidensgerechten Arbeitsplätze, die eine Gleichwertigkeit aufweisen in Erwägung zu ziehen, selbst unter den Umständen, dass andere Mitarbeiter dafür versetzt werden müssten.[304]

Die Vorschläge des Arbeitnehmers auf anderen leidensgerechten Arbeitsplätzen weiterbeschäftigt werden zu können, blieben durch das Berufungsgericht nahezu unberücksichtigt, da man sich lediglich auf eine gutachterliche Stellungnahme bezog, welche die zuvor ausgeübte Tätigkeit als Maschinenbediener thematisierte und keine anderweitigen Arbeiten in Erwägung zog. Wie das BAG richtigerweise feststellte, kann auf dieser Grundlage keine Aussage darüber getroffen werden, ob der gesundheitliche Zustand des Klägers die Beschäftigung auf einem anderen Arbeitsplatz zulässt.

Auch wenn die Durchführung des BEM als solches keine formelle Voraussetzung für die Wirksamkeit einer krankheitsbedingten Kündigung ist und die Nichtberücksichtigung nicht von vornherein zu einer Unwirksamkeit der Kündigung führt, können sich zumindest aus dem BEM mildere Mittel ergeben, die vor dem Ausspruch einer Kündigung in Betracht gezogen werden müssen. Dies könnte die Umgestaltung des Arbeitsplatzes, die Versetzung oder aber die Änderung von Arbeitsbedingungen sein. Daraus folgt, dass das Unterlassen des BEM einer Kündigung dann nicht entgegensteht, wenn auch unter Einsatz der Eingliederungsmaßnahme keine geeignete Möglichkeit gefunden worden wäre, den Arbeitnehmer anderweitig zu beschäftigen.

---

[302] *BAG* 12.7.2007 – 2 AZR 716/06.
[303] *BAG* 24.11.2005 – 2 AZR 514/04 – AP KSchG 1969 § 1 Krankheit Nr. 43.
[304] *BAG* 29.1.1997 – 2 AZR 9/96.

Im vorliegenden Fall finden die Vorschläge des Arbeitnehmers bezüglich eines leidensgerechten Arbeitsplatzes keine Berücksichtigung oder werden mit der Begründung abgelehnt, dass ein solcher vorgeschlagener Arbeitsplatz im Betrieb grundsätzlich nicht existiert. Die Entscheidung des BAG zeigt, dass eine derartige Begründung allein nicht ausreichend ist und die Beklagte sogar in der Pflicht steht, einen leidensgerechten Arbeitsplatz zu schaffen bzw. umzustrukturieren, wenn dieser in der benötigten Form nicht vorhanden ist.

Entgegen der Auffassung des LAG Hamm und des ArbG Hagen setzt das BAG ein klares Zeichen im Hinblick auf das Erfordernis des betrieblichen BEM und macht deutlich, dass diese Regelung eben nicht nur auf den Personenkreis schwerbehinderter Arbeitnehmer Anwendung findet. Zwar findet sich die entsprechende Norm im neunten Buch des Sozialgesetzbuches wieder, welches die Vorschriften für die Rehabilitation und Teilhabe behinderter Menschen enthält, aber folgt man dem konkreten Gesetzeswortlaut, muss die Anwendbarkeit auf den vollständigen Arbeitnehmerkreis bezogen werden. § 84 II Satz 1 SGB IX spricht von Beschäftigten oder schwerbehinderten Beschäftigten, so dass zwischen beiden Personengruppen differenziert wird, aber dennoch für beide der gleiche Grundsatz gilt. Hätte der Gesetzgeber an dieser Stelle die gesetzliche Anwendbarkeit nur für schwerbehinderte Arbeitnehmer geltend machen wollen, hätte er im Rahmen der in Betracht kommenden Hilfsmittel nicht unterscheiden müssen, dass vom Arbeitgeber die örtlich zuständigen Servicestellen hinzugezogen werden und im Falle schwerbehinderter Menschen das Integrationsamt kontaktiert wird. Andernfalls würde es bedeuten, dass schwerbehinderte Menschen grundlos besser gestellt werden, als andere Arbeitnehmer.[305]

Die rechtlichen Folgen einer Unterlassung des BEM seitens des Arbeitgebers regelt das Gesetz nicht. Das BAG geht dieser Frage aber in seiner Entscheidung nach und äußert sich in der Hinsicht, dass angebliche negative Krankheitsauswirkungen, die durch den Arbeitnehmer verursacht werden, durch den Arbeitgeber konkret dargelegt und belegt werden müssen. Darüber hinaus hat er detailliert vorzutragen, dass kein leidensgerechter Arbeitsplatz in Betracht kommt.

---

[305] *BAG* 12.7.2007 – 2 AZR 716/06.

3. Kritik

Die Entscheidung über das Erfordernis, nicht nur mit den schwerbehinderten Mitarbeitern, sondern mit allen Arbeitnehmern, die in den vergangenen 12 Monaten eine über sechs Wochen hinausgehende ununterbrochene oder wiederholte Arbeitsunfähigkeit aufweisen[306], ein BEM durchzuführen, ist grundsätzlich fortschrittlich zu sehen. Die Betrachtung der systematischen Anordnung des § 84 II SGB IX hatte zuvor zur Folge, dass Unklarheit darüber bestand, ob die Vorschrift ausschließlich für schwerbehinderte oder für alle Arbeitnehmer gelten soll. Dieser Unsicherheit wurde dann durch das Urteil des BAG ein Ende gesetzt, auch wenn die Durchführung des BEM nach wie vor keine formelle Wirksamkeitsvoraussetzung für den Ausspruch einer personenbedingten Kündigung wegen Krankheit darstellt.

Völlig zu Recht gelten für schwerbehinderte Menschen im Arbeitsleben gesonderte Regelungen. Nach § 125 SGB IX haben sie einen Anspruch auf Zusatzurlaub von fünf Arbeitstagen im Jahr. Darüber hinaus genießen sie einen besonderen Kündigungsschutz, der sich aus §§ 85 ff.; 102 I Satz 1 Nr. 2; 68 I, III SGB IX ergibt. Beschließt der Arbeitgeber einen schwerbehinderten Arbeitnehmer zu kündigen, so benötigt er dafür die Zustimmung des Integrationsamtes. Auch im Rahmen einer betriebsbedingten Kündigung ist die Schwerbehinderung innerhalb der Sozialauswahl gesondert zu berücksichtigen.[307] Es gibt keine Erklärung dafür, warum ein schwerbehinderter Arbeitnehmer darüber hinaus eine Sonderstellung hinsichtlich der Durchführung eines BEM genießen sollte. Jeder gesundheitlich eingeschränkte Arbeitnehmer muss i.S. der Gleichberechtigung durch die Teilnahme an einem BEM die Möglichkeit der Weiterbeschäftigung haben, unabhängig davon, ob er den Grad der Schwerbehinderung erfüllt oder nicht.

Auch, wenn das Unterlassen eines BEM eine personenbedingte Kündigung nicht unwirksam macht, erschwert dies dennoch, zurückführend auf die Entscheidung des BAG, die prozessuale Rechtfertigung. Aus Sichtweise des Arbeitgebers führt die konkretisierte Darlegungs- und Beweispflicht zu erheblichen Einschränkungen des

---

[306] *Conze/Karb*, Personalbuch Arbeits- und Tarifrecht, Rn. 988.
[307] *Thüsing* in: Kündigungsschutzgesetz, § 1 KSchG, S. 382, Rn. 853.

Handlungsspielraums und erfährt dadurch Kritik.[308] Dennoch kann die zuvor ausreichende Erklärung, dass kein Arbeitsplatz zur Verfügung stehe, allein nicht ausreichen. Ohne konkrete Belege konnte die Interessenabwägung nämlich auf leichtem Wege zu Gunsten des Arbeitgebers ausfallen. Es lässt sich unterstellen, dass alleine die Tatsache, dass der Arbeitgeber nicht in der Pflicht stand den nicht vorhandenen alternativen Arbeitsplatz konkret begründen zu müssen, dazu verleitete, sich gar nicht erst um eine Weiterbeschäftigung zu bemühen.

Auch wenn in einigen Fällen sicherlich davon auszugehen ist, dass tatsächlich keine Möglichkeit besteht, die Arbeitsplatzbedingungen einem gesundheitlich einge-schränkten Mitarbeiter entsprechend anzupassen, so würde sich auch oftmals mit dem nötigen Willen eine Option finden lassen, die es erlaubt, die Beendigung des Arbeitsverhältnisses nicht in Erwägung ziehen zu müssen.

Was durch die Entscheidung des BAG jedoch nicht ausreichend einbezogen wird, ist das Kooperationsverhalten des Arbeitnehmers. Zwar muss der Arbeitgeber das Nichtvorhandensein eines passenden Arbeitsplatzes dann nicht konkret darlegen, wenn der Arbeitnehmer die Durchführung eines BEM ablehnt[309], aber dennoch sollte nicht nur die unmittelbare und unmissverständliche Ablehnung den Wegfall der Verpflichtung rechtfertigen. Auch anderweitige Handlungen des Arbeitnehmers, die von nicht kooperativem Verhalten zeugen, lassen darauf schließen, dass wenig Interesse an einer Weiterbeschäftigung besteht. Lädt der Arbeitgeber den erkrankten Arbeitnehmer zu einem persönlichen Gespräch ein und bittet um die Vorstellung der Krankenakten, dann muss es sich innerhalb der Interessenabwägung negativ auswirken, wenn der Arbeitnehmer die Unterlagen vergisst und sich auch nicht die Mühe macht, diese nachzureichen. Gleiches gilt für das Nichtwahrnehmen von Gesprächsterminen bzw. ausbleibende Rückmeldungen auf Anrufe des Arbeitgebers. Auch, wenn der Arbeitnehmer gesundheitlich angeschlagen ist und über einen bestimmten Zeitraum keine Arbeitsleistung erfüllt, befindet er sich dennoch in einem vertraglichen Verhältnis mit seinem Arbeitgeber und hat sich demzufolge kooperativ zu verhalten.

---

[308] *Biedermann* in: Baublatt, Nr. 336, S. 30.
[309] *Conze/Karb*, Personalbuch Arbeits- und Tarifrecht, Rn. 988.

Richtigerweise müsste der Arbeitgeber auch dann von seiner Pflicht des detaillierten Vortrages eines nicht vorhandenen Alternativarbeitsplatzes befreit werden, wenn er darlegen kann, dass der Arbeitnehmer aufgrund von Desinteresse und nicht kooperativem Verhalten zu verstehen gibt, dass ihm eine Weiterbeschäftigung gleichgültig ist.

II.   Krankheitsbedingte Kündigung ohne betriebliches Eingliederungsmanagement

Ein weiterer Rechtsstreit, dessen Schwerpunkt auf der Durchsetzbarkeit einer personenbedingten Kündigung wegen Krankheit liegt, wurde zunächst durch das ArbG Koblenz[310] und in zweiter Instanz durch das LAG Rheinland-Pfalz[311] mit seinem Sitz in Mainz entschieden. Auch hierbei stellte sich die Frage nach der Entbehrlichkeit der Durchführung eines BEM, so dass die Entscheidungsgründe ergänzend zum zuvor aufgeführten Rechtsstreit fortsetzende Regelungen im Hinblick auf die Anwendbarkeit dieser Maßnahme darstellen.

1.   Sachverhalt

Im vorliegenden Fall geht es um die ordentliche Kündigung eines Maschinenführers, der zum Zeitpunkt der Kündigungsaussprache bereits seit 20 Monaten ununterbrochen arbeitsunfähig erkrankt war.[312] Er litt vor allem unter Epilepsie, was dazu führte, dass er ständige Begleitung benötigte und nicht mehr in der Lage war, körperliche sowie auch nervlich belastende Arbeiten zu verrichten. In den Gesprächen, die im Juli 2006 und August 2007 zwischen den beiden Parteien stattgefunden haben, konnte der Kläger keinerlei Aussage zu seinem Krankheitsbild treffen und zeigte darüber hinaus kein Interesse an einer Weiterbeschäftigung. Die Beklagte kündigte das Arbeitsverhältnis am 07.11.2007 fristgerecht zum 31.05.2008.

Ob die Beklagte zuvor ein BEM durchgeführt hat, bleibt dahingestellt. In jedem Fall hat sie aber begründet, dass sich auch unter Einbeziehung der Durchführung eines BEM

---

[310] *ArbG Koblenz* 23.7.2008 – 4 Ca 2857/07.
[311] *LAG Rheinland-Pfalz* 24.4.2009 – 9 Sa 683/08.
[312] *LAG Rheinland-Pfalz* 24.4.2009 – 9 Sa 683/08.

aufgrund seines Krankheitsbildes keine anderweitigen Beschäftigungsmöglichkeiten für den Kläger ergeben hätten. Bei einer epileptischen Krankheit handelt es sich um eine Funktionsstörung des Gehirns.[313] Kennzeichnend für diese Krankheit sind vorübergehende Anfälle, die aufgrund einer vermehrten Entladung von Nervenzellen im Gehirn ausgelöst werden. Die Anfälle treten plötzlich auf und können zu einer Bewusstseins- oder Verhaltensänderung führen.[314] Da der Erkrankte während eines Anfalls nicht die Möglichkeit hat, sich selbst zu kontrollieren, würde die Arbeit an laufenden Maschinen ein beachtliches Risiko darstellen. Aus diesem Grund fordert die Berufsgenossenschaft, dass eine Tätigkeit in der Nähe von Maschinen nur dann ausgeführt werden darf, wenn der letzte epileptische Anfall mindestens 24 Monate zurückliegt.[315]

Die Beklagte hat dargelegt, dass eine alternative Beschäftigungsmöglichkeit in der Produktion nicht in Betracht kommt, da der unmittelbare Kontakt mit Maschinen nicht zu vermeiden sei. Ebenso ist sie der Auffassung, dass der gesundheitlich eingeschränkte Arbeitnehmer nicht die Anforderungen erfüllt, die an die Stelle des Schichtführers gestellt werden. Sie begründet dies mit dem erhöhten Stressfaktor, der mit dieser Stelle verbunden sei. Stress sollte bei einem Krankheitsbild wie es der Kläger mit sich bringt unbedingt vermieden werden.[316] Die einzigen Tätigkeiten, die für den Kläger in Frage kommen, sind Arbeiten, die in der Verwaltung verrichtet werden, da hier keine Berührungspunkte mit dem Betrieb von Maschinen bestehen und auch von keinem außergewöhnlich hohen Stress zu auszugehen ist. Allerdings ist dem Vortrag der Beklagten zu entnehmen, dass zur Bewältigung der Tätigkeiten im Verwaltungswesen zumindest ein dreijähriger kaufmännischer IHK-Abschluss mit SAP-Erfahrungen und Kenntnissen in der englischen Sprache vorausgesetzt werden. Eine einschlägige Ausbildung sowie die erforderlichen Zusatzqualifikationen kann der Kläger des vorliegenden Falles nicht vorweisen und erfüllt folglich nicht die Anforderungen, die an die Verrichtung kaufmännischer Arbeiten gestellt werden.

---

[313] *Brünger* in: Psychotherapie im Dialog - Anfälle, S. 286.
[314] *Krämer*, Epilepsie, S. 2.
[315] *LAG Rheinland-Pfalz* 24.4.2009 – 9 Sa 683/08.
[316] *Krämer,* Das große TRIAS-Handbuch Epilepsie, S. 197.

Das ArbG Koblenz hatte durch sein Urteil die Kündigungsschutzklage des an Epilepsie erkrankten Arbeitnehmers abgewiesen. Gegen diese Entscheidung hatte der Kläger Berufung eingelegt.

2.   Entscheidungen der Gerichte

Das ArbG Koblenz sah die drei formellen Wirksamkeitsvoraussetzungen, die da sind die negative Zukunftsprognose, die erhebliche Beeinträchtigung betrieblicher Interessen sowie die Interessenabwägung zugunsten des Arbeitgebers, unproblematisch als erfüllt. Die Beklagte hatte ausführlich geltend gemacht, dass auch die Durchführung eines BEM keine Möglichkeit einer Weiterbeschäftigung aufgezeigt hätte.[317]

Dieser Entscheidung konnte sich das LAG Rheinland-Pfalz anschließen und führte ergänzend hinzu, dass sich der Arbeitgeber keine beweisrechtlichen Vorteile durch das Unterlassen eines BEM verschaffen darf und durch einen umfassenden konkreten Sachvortrag darlegen muss, warum kein alternativer, leidensgerechter Arbeitsplatz zur Verfügung steht. Dieser Pflicht ist die Beklagte nachkommen. Zwar hat sie kein BEM durchgeführt, konnte aber durch ausführliche Darlegung im Hinblick auf die Abwägung einzelner Stellen überzeugen, dass der Kläger aufgrund seiner gesundheitlichen Beeinträchtigung auf keinem anderen Arbeitsplatz eingesetzt werden kann.

Darüber hinaus gibt das Gericht zu verstehen, dass der Verzicht auf die Durchführung eines BEM auch schon deshalb unproblematisch sei, da der Kläger eine Mitwirkung daran abgelehnt hatte. Verweigert der Arbeitnehmer die Teilnahme an einem BEM, kann er sich im Prozess weder auf das Unterlassen des BEM noch auf die erhöhte Darlegungspflicht berufen.[318]

Die Berufung des Klägers wurde somit in Übereinstimmung mit den Entscheidungsgründen des ArbG durch das LAG zurückgewiesen.

---

[317] *LAG Rheinland-Pfalz* 24.4.2009 – 9 Sa 683/08.
[318] *Conze/Karb*, Personalbuch Arbeits- und Tarifrecht, Rn. 997.

3. Kritik

Der vorliegende Rechtsstreit zeigt die Grenzen an das Erfordernis eines BEM auf. Auf der einen Seite ist die Durchführung der Maßnahme, auch wenn sie keine formelle Wirksamkeitsvoraussetzung für die Durchsetzbarkeit einer krankheitsbedingten Kündigung ist, eine Ausprägung des Verhältnismäßigkeitsprinzips, welches das Kündigungsrecht beherrscht.[319] Auf der anderen Seite kann die Berücksichtigung des BEM dann außer Acht gelassen werden, wenn andere Tatbestände dies erlauben.

Völlig zu Recht muss der Arbeitgeber keine Maßnahme zur Eingliederung durchführen, wenn er ohnehin darlegen kann, dass sich unter keinen Umständen ein passender Arbeitsplatz für den erkrankten Arbeitnehmer finden lässt. Die Kritik an der zu weit gehenden Darlegungspflicht des Arbeitgebers[320] ist dabei nicht berechtigt. Ausschließlich diese Verpflichtung kann gewährleisten, dass die Ablehnung eines entsprechenden Alternativarbeitsplatzes nur dann erfolgt, wenn tatsächlich davon auszugehen ist, dass keine entsprechende Möglichkeit der Weiterbeschäftigung besteht. Wie der vorliegende Rechtsstreit zeigt, ist es für den Arbeitgeber wenig unproblematisch, einen umfassenden konkreten Sachvortrag zu leisten, wenn genügend Anhaltspunkte gegeben sind, die der Arbeitsplatzanpassung entgegenstehen.

Die Entscheidung des LAG steht somit ergänzend zu dem zuvor besprochenen Urteil des BAG. Dabei bestimmt das BAG, dass der nicht mehr mögliche Einsatz des Arbeitnehmers umfassend durch den Arbeitgeber vorgetragen und erklärt werden muss. Es setzt damit dahingehend eine Wende, dass es nicht mehr die Darlegungspflicht des Arbeitnehmers ist zu belegen, wie eine Änderung seiner Beschäftigung in Zukunft aussehen könnte[321]. Das LAG zeigt mit seiner Entscheidung darüber hinaus, wie eine ausreichende Begründung des Arbeitgebers im Hinblick auf die nicht vorhandene alternative Einsatzmöglichkeit konkret auszusehen hat. Innerhalb des Arbeitgebervortrages hat dieser konkrete realistische Beschäftigungsalternativen aufzuführen und muss dann erläutern, warum die Qualifikationen des Arbeitnehmers

---

[319] *Conze/Karb*, Personalbuch Arbeits- und Tarifrecht, Rn. 997.
[320] *Tschöpe*, NZA 2008, 398, 399.
[321] *BAG* 26. 5. 1977, NJW 1978, 603.

nicht mit den Anforderungen, die an die jeweilige Stelle gestellt werden übereinstimmen.

Zusammenfassend lässt sich feststellen, dass die Entwicklungen des Kündigungsrechts hinsichtlich der Berücksichtigung des BEM und der daraus resultierenden verstärkten Darlegungspflicht des Arbeitgebers als durchaus positiv zu werten sind. Dabei sollte grundsätzlich berücksichtigt werden, dass es nicht darum geht, die Durchsetzbarkeit der krankheitsbedingten Kündigung zu erschweren, sondern vielmehr um die Chancenerweiterung der Weiterbeschäftigung eines erkrankten Arbeitnehmers. So lassen sich hoffentlich in Zukunft auch die Kritiker davon überzeugen, dass der einfachste Weg, nämlich die schnelle Ablehnung mittels der Aussage: "Es gibt keinen entsprechenden Arbeitsplatz!", nicht immer der beste Weg ist.

G.   Schlussbetrachtung

Die Ausarbeitung der vorliegenden Arbeit zeigt, dass die Durchsetzbarkeit einer personenbedingten Kündigung wegen Krankheit von vielerlei Faktoren abhängig ist. Dabei kommt es zunächst darauf an, ob der gekündigte Arbeitnehmer gesetzlichen Kündigungsschutz genießt. Neben den verhaltensbedingten und den betriebsbedingten Gründen sieht der Gesetzgeber für die Rechtfertigung einer ordentlichen Kündigung Gründe vor, die in der Person des Arbeitnehmers liegen.

Der wichtigste Unterfall der personenbedingten Kündigung ist die Kündigung wegen Krankheit. Da jedoch nicht jede Krankheit den Arbeitgeber zu einer Kündigung berechtigt, zeigen die durch die Rechtsprechung entwickelten Fallgruppen die vier unterschiedlichen Krankheitsformen, die für die Beendigung des Arbeitsverhältnisses in Betracht kommen. Die Differenzierung zwischen häufigen Kurzerkrankungen, lang andauernden Erkrankungen, dauernder Arbeitsunfähigkeit und krankheitsbedingten Leistungsminderungen macht deutlich, dass jede Gruppe unterschiedliche Anforderungen an die Wirksamkeit einer Kündigung stellt. Für die Prüfung der jeweiligen Fallgruppe ist ein identisches Schema anzuwenden. Dieses Schema gestaltet sich in drei Prüfungsstufen, die negative Zukunftsprognose, die erhebliche Beeinträchtigung betrieblicher Interessen sowie die Interessenabwägung.

Die rein rechtlich einfachste Fallbeurteilung ist die Gruppe der dauernden Arbeitsunfähigkeit. Die negative Gesundheitsprognose ergibt sich von selbst aus der Tatsache, dass der Arbeitnehmer nie wieder in der Lage sein wird, seiner vertraglich geschuldeten Leistung nachzugehen. Ebenso unproblematisch erfolgt die Feststellung der Beeinträchtigung betrieblicher Interessen, da davon auszugehen ist, dass der Arbeitgeber die Personaleinstellung nicht aus dem Grunde vorgenommen hat, um letztendlich jahrelang auf die entsprechende Arbeitskraft zu verzichten.

Besonders beeinträchtigend für den Arbeitgeber ist der Fall häufiger Kurzerkrankungen. Die wirtschaftlichen und betrieblichen Einbußen sind stark, da die Planung und Organisation der Arbeitskraft kaum zu realisieren ist. Das unregelmäßige Fehlen des Arbeitnehmers führt dazu, dass Kollegen und Kolleginnen kurzfristig zur

Vertretung einspringen müssen und somit die Gefahr betrieblicher Ablaufstörungen besteht. Auch wenn starke Beeinträchtigungen der Arbeitgeberinteressen vorliegen, kann sich die Feststellung einer negativen Zukunftsprognose dennoch als strittig herausstellen. Häufige Krankschreibungen des Hausarztes allein sind nicht ausreichend, um eine negative Prognose zu rechtfertigen.

Dem langzeiterkrankten bzw. dauerhaft arbeitsunfähigen Arbeitnehmer mag es ungerecht erscheinen, dass sich die Negativprognose bei häufigen Kurzerkrankungen deutlich schwieriger gestaltet. Bei einem langzeiterkrankten Mitarbeiter, dessen Fehlen auf ernsthafte gesundheitliche Beeinträchtigung zurückzuführen ist, kann eher von einer weiterhin negativen Belastung in der Zukunft ausgegangen werden als bei einem Mitarbeiter, der häufig für kurze Zeiträume erkrankt. Auch wenn grundsätzlich nicht davon ausgegangen werden sollte, sind dennoch diejenigen Arbeitnehmer zu bedenken, die sich ohne zu zögern aufgrund von Kopfschmerzen oder leichtem Husten krankschreiben lassen oder sogar Krankheiten simulieren. In diesen Fällen ist die notgedrungene Toleranzgrenze des Arbeitgebers sehr weit gefasst, da oftmals eine Vortäuschung der gesundheitlichen Beeinträchtigungen nicht nachgewiesen werden kann oder nicht zu begründen ist. Es lässt sich nur schwer prognostizieren in welchem Umfang auch in Zukunft mit dem Einreichen von Attesten zu rechen ist. Aus diesem Grund ist es wünschenswert, speziell für die Fallgruppe der häufigen Kurzerkrankungen einen Regelungsmaßstab zu finden, der im Vergleich zu ununterbrochener Krankheit deutlich weniger Fehltage zulässt. Erschwerend kommt hier jedoch hinzu, dass bereits ausgeheilte Krankheiten nicht in die Erstellung der Zukunftsprognose einbezogen werden dürfen, was grundsätzlich auch richtig ist. Aber dennoch darf derjenige Arbeitnehmer, der immer wieder unter „kleinen Krankheiten" leidet, keinen Freifahrtschein besitzen, so dass eine Negativprognose durch den Arbeitgeber nur in den seltensten Fällen gerechtfertigt werden kann.

Besonders in Zusammenhang mit der Fallgruppe der Minderleistung spielt das BEM eine erhebliche Rolle. Aufgrund von gesundheitlichen Beeinträchtigungen ist der Arbeitnehmer nicht mehr in der Lage seine Arbeit in dem vertraglich geschuldeten Rahmen zu erfüllen. Aber dennoch lässt seine körperliche und psychische Verfassung es zu, anderweitigen Aufgaben oder eingeschränkten Arbeiten seines bisherigen

Tätigkeitsbereiches nachzugehen. Die Umgestaltung und Anpassung des Arbeitsplatzes schützt den Arbeitnehmer vor dem Verlust seines Arbeitsplatzes und ist somit ausschlaggebend für seine Existenz.

Die Entwicklungen hinsichtlich des BEM haben anhand der aufgeführten Entscheidungen gezeigt, dass der Arbeitgeber von nun an einer deutlich höheren Verpflichtung unterliegt, das BEM auch bei nicht schwerbehinderten Arbeitnehmern durchzuführen, aber lassen im Gegenzug auch darauf hoffen, weniger Arbeitsverhältnisse von gesundheitlich eingeschränkten Menschen beenden zu müssen. Als Grundvoraussetzung muss dafür der zustimmende Wille des Arbeitnehmers zur Durchführung eines BEM zwingend gegeben sein. Keinem Arbeitgeber kann unkooperatives Verhalten durch den Arbeitnehmer zugemutet werden. In diesem Fall kann er von seiner Pflicht befreit werden, ein BEM durchzuführen bzw. konkret darlegen zu müssen, warum kein leidensgerechter Arbeitsplatz vorhanden ist.

Fraglich bleibt hierbei jedoch wann konkret von unkooperativem Verhalten ausgegangen werden kann. Dafür in Betracht kommt in jedem Fall die unmissverständliche Ablehnung des BEM durch den Arbeitgeber. Darüber hinaus ist es aber eine Überlegung wert, engere Maßstäbe zu fassen und auch die Nichteinhaltung von Terminen, fehlende telefonische Rückmeldungen oder die Unterschlagung von Informationen hinsichtlich des Krankheitstandes als nicht kooperatives Verhalten zu werten, was dann wiederum zur Pflichtbefreiung des Arbeitgebers führen könnte.

Eine krankheitsbedingte Kündigung ist nicht nur für den Arbeitnehmer, der sich ohnehin schon mit anderweitigen Sorgen plagen muss, ein herber Rückschlag. Auch für den Arbeitgeber kann die Entscheidung, einen möglicherweise schon langjährigen Arbeitnehmer aufgrund einer Krankheit kündigen zu müssen, mit schlaflosen Nächten verbunden sein. Aber dennoch sollte immer und auch aus Arbeitnehmersicht bedacht werden, dass der Arbeitgeber eben nicht die Funktion eines "Sozialamtes" einnehmen kann und seine wirtschaftlichen Interessen zum Schutze seines Unternehmens wahren muss.

Literaturverzeichnis

Bücher/Aufsätze

Badura, Bernhard/
Schellschmidt, Henner/
Vetter, Christian

Fehlzeiten-Report 2006, Chronische Krankheiten,
Heidelberg 2007.

Bauer, Jobst-Hubertus/
Röder, Gerhard/
Lingemann, Stefan

Krankheit im Arbeitsverhältnis, 2. Auflage, Heidelberg
1996.

Berkowsky, Wilfried

Die personenbedingte Kündigung – Teil 1,
NZA-RR 2001, 393.

Berkowsky, Wilfried

Die personenbedingte Kündigung – Teil 2,
NZA-RR 2001, 449.

Berkowsky, Wilfried

Die personen- und verhaltensbedingte Kündigung – Unter
Berücksichtigung des Betriebsverfassungsrechts und des
Arbeitsgerichtsverfahrens, 4. neubearbeitete Auflage,
München 2005.

Berkowsky, Wilfried

Die betriebsbedingte Kündigung – Unter Berücksichtigung
des Betriebsverfassungs- und Sozialrechts sowie des
Arbeitsgerichtsverfahrens, 6. Auflage, München 2008.

Boewer, Dietrich

Krankheit als Kündigungsgrund – Betriebliche
Auswirkungen und Prognose, NZA 1988, 678 – 687.

Borcsa, Maria/ **Broda, Michael/** **Köllner, Volker/** **Schauenburg, Henning/** **Senf, Wolfgang/** **Stein, Barbara/** **Wilms, Bettina**	Psychotherapie im Dialog – Anfälle, Nr. 4, Stuttgart 2011, zitiert von Brünger, Michael.
Brox, Hans/ **Rüthers, Bernd/** **Henssler, Martin**	Arbeitsrecht, 17. Neu bearbeitete Auflage, Stuttgart 2007, zitiert von Rüthers, Bernd.
Büchting, Hans-Ulrich/ **Heussen, Benno**	Beck'sches Rechtsanwalts-Handbuch, 10. völlig neu bearbeitete Auflage, München 2011, zitiert von Michels, Marcus.
Bundschuh, Peter/ **Thies, Kathrin**	Krankheit und weitere personenbedingte Kündigungsgründe, Band 14, Münster 2014.
Conze, Peter/ **Karb, Svenja**	Personalbuch Arbeits- und Tarifrecht öffentlicher Dienst, 3. Auflage, München 2012.
Denck, Johannes	Kündigung des Arbeitnehmers wegen häufiger Kurzerkrankungen, JuS 1978, 156-161.
Elsner, Susanne	Personenbedingte Kündigung, Frankfurt a.M. 2000.
Emmerich, Volker	BGB-Schuldrecht besonderer Teil, 13. Auflage, Heidelberg 2012.
Fikentscher, Wolfgang/ **Heinemann, Andreas**	Schuldrecht, Berlin 2006.

Fissenewert, Peter	Der Prokurist- Rechte und Pflichten, 2. überarbeitete Auflage, München 2009, zitiert von Howald, Bert/Reich, Astrid.
Friemel, Kilian/ Walk, Frank	Die Kündigung wegen Schlecht- und Minderleistung, Die Kündigung wegen Schlecht- und Minderleistung, NJW 2005, 3669.
Glanz, Peter	Kündigung von leistungsschwachen Mitarbeitern („Low Performer"), NJW-Spezial 2008,82.
Gottwald, Stefan	Verhaltensbedingte Kündigung bei krankhaftem Alkoholismus, NZA 1997, 635.
Hamann, Petra	Die Kündigung wegen häufiger Kurzerkrankungen, Frankfurt a.M. 2009.
Herms, Sascha	Die Kündigung, 3. Auflage, Freiburg 2014.
Honsa, Hans-Jürgen	Alkohol- und Drogenmissbrauch im öffentlichen Dienst, 2. überarbeitete und erweiterte Auflage, Berlin 2005.
Hummel, Dieter	Krankheit und Kündigung, 2.Auflage, Frankfurt a.M. 2004.
Hunold, Wolf/ Wetzling, Frank	Umgang mit leistungsschwachen Mitarbeitern, 2. aktualisierte und erweiterte Auflage, Frankfurt a.M. 2011.
Jula, Rocco	Der GmbH-Geschäftsführer im Arbeits- und Sozialversicherungsrecht, Bonn 2003.
Knauf, Renate	Die personenbedingte Kündigung wegen Krankheit, Hamburg 2008.
Krämer, Günter	Das große TRIAS-Handbuch Epilepsie, Stuttgart 2005.

Krämer, Günter	Epilepsie- Die Krankheit erkennen, verstehen und gut damit leben, 4. Auflage, Stuttgart 2013.
Kroiß, Ludwig	FormularBibliothek Zivilprozess – Arbeitsrecht, 2. Auflage, Baden-Baden 2010, zitiert von Mayer, Hans-Jochem.
Küfner-Schmitt, Irmgard	Arbeitsrecht, 8. Auflage, Freiburg 2010.
Lansnicker, Frank	Prozesse in Arbeitssachen, 3. Auflage, Baden-Baden 2013, zitiert von Fleddermann, Christoph.
Lepke, Achim	AIDS als arbeitsrechtlicher Kündigungsgrund, DB 1987, 1299 ff.
Lepke, Achim	Kündigung bei Krankheit, Handbuch für die betriebliche, anwaltliche und gerichtliche Praxis, 14. neu bearbeitete Auflage, Berlin 2012.
Maschmann, Frank	Die mangelhafte Arbeitsleistung, NZA-Beil, 2006, 13.
Moll, Wilhelm	Münchener Anwalts Handbuch Arbeitsrecht, 3. überarbeitete und erweiterte Auflage, München 2012, zitiert von Glaser, Regina.
Neuhaus, Kai-Jochen	Berufsunfähigkeitsversicherung, 3. Völlig neu bearbeitete Auflage, München 2014.
Neuner, Jörg	Grundrechte und Privatrecht aus rechtsvergleichender Sicht, Tübingen 2007.
Otto, Hansjörg	Arbeitsrecht, 4. Auflage, Berlin 2008.

Popp, Klaus	Lohnfortzahlungskosten als Kündigungsgrund?, DB 1986, 1461-1468.
Preis, Ulrich	Prinzipien des Kündigungsrechts bei Arbeitsverhältnissen, Band 53, München 1987.
Preis, Ulrich	Neuere Tendenzen im arbeitsrechtlichen Kündigungsschutz, DB 1988, 1444-1447.
Preis, Ulrich	Arbeitsrecht, 2. Auflage, Köln 2003.
Pulte, Peter	Kündigung von Arbeitsverhältnissen, 11. Überarbeitete Auflage, Frankfurt a.M. 2006.
Rabe v. Pappenheim, Henning	Lexikon Arbeitsrecht, Ausgabe 2014, Heidelberg 2014.
Reinecke, Gerhard	Krankheit und Arbeitsunfähigkeit – die zentralen Begriffe des Rechts der Entgeltfortzahlung, DB 1998, 130.
Richardi, Reinhard/ Wlotzke, Otfried/ Wißmann, Hellmut/ Oetker, Hartmut	Münchener Handbuch zum Arbeitsrecht Band 1: Individualarbeitsrecht, 3. Auflage, München 2009, zitiert von Wank, Rolf/Berkowsky, Wilfried.
Ring, Gerhard	Arbeitsrecht für Wirtschaftswissenschaftler, München 2012.
Rudolf, Peter	Freunde für gewisse Stunden – Peer involvement als neuer Weg in der HIV/Aids-Präventation, Hamburg 2000.
Schaub, Günter	Arbeitsrechts-Handbuch, 15. neu bearbeitete Auflage, München 2013, zitiert von Linck, Rüdiger.

Schaumberg, Torsten   Kündigungsschutzrecht und kollektives Arbeitsrecht in: NJ 2012, 309, München 2012.

Schaumberg, Torsten   Das Kündigungsrecht im Spiegel arbeitsgerichtlicher Entscheidungen in: NJ 2013, 450, München 2013.

Schmidt, Lothar   Alkoholkrankheit und Alkoholmißbrauch, 4. überarbeitete und erweiterte Auflage, Stuttgart 1997.

Seidel, Rainer   Der Kündigungsschutz nach dem Schwerbehindertengesetz: DB 1996, 1409 ff.

Tschöpe, Ulrich   Krankheitsbedingte Kündigung und betriebliches Eingliederungsmanagement, NZA 2008, 398.

Vetter, Brigitte   Psychiatrie, 7. Auflage, Stuttgart 2007.

Waas, Bernd   Arbeitsrecht zwischen Markt und gesellschaftspolitischen Herausforderungen in: ZRP 2004, 142, Trier 2004.

Zoch, Christian   Krankheitsbedingte Kündigung von Arbeitsverhältnissen wegen häufiger Kurzerkrankungen, Norderstedt 2012.

Zimmermann, Walter   Klage, Gutachten und Urteil, 20. Auflage, Heidelberg 2011.

Onlinequellen

BfGA, Berufskrankheit, http://www.bfga.de/arbeitsschutz-lexikon-von-a-bis-z/fachbegriffe-a-b/berufskrankheit-fachbegriff, abgerufen am 07.07.2014.

Biedermann, Andreas, Deutsches Baublatt Nr. 336, Mai 2008, Arbeitsrecht am Bau http://www.baublatt.de/archiv/2008_3/30.pdf, abgerufen am 15.07.2014.

Bundesministerium für Gesundheit, Krankenstand 1970 bis 2011 und Januar bis Dezember 2012, http://www.bmg.bund.de/fileadmin/dateien/Downloads/Statistiken/GKV/Mitglieder_Versicherte/KM1_Krankenstand__Dez12.pdf, abgerufen am 28.07.2014.

BZgA, HIV-Übertragung, https://www.gib-aids-keinechance.de/wissen/aids_hiv/hiv-uebertragung.php, abgerufen am 3.7.2014.

Deutsche AIDS-Hilfe, HIV in Zahlen, http://www.aidshilfe.de/de/infothek/hiv-zahlen/deutschland, abgerufen am 3.7.2014.

Die Drogenbeauftragte der Bundesregierung, http://drogenbeauftragte.de/drogen-und-sucht/illegale-drogen/heroin-und-andere-drogen/situation-in-deutschland.html, abgerufen am 01.07.2014.

Die Drogenbeauftragte der Bundesregierung, http://drogenbeauftragte.de/drogen-und-sucht/tabak/situation-in-deutschland.html, abgerufen am 03.07.2014

Drogen- und Suchtbericht 2011, http://drogenbeauftragte.de/fileadmin/dateien-dba/Service/Publikationen/Drogen_und_Suchtbericht_2011_110517_Drogenbeauftragte.pdf, abgerufen am 30.6.2014.

Drogen-und Suchtbericht 2012, http://www.drogenbeauftragte.de/fileadmin/dateien-dba/Presse/Downloads/12-05-22_DrogensuchtBericht_2012.pdf, abgerufen am 30.6.2014.

FAZ, Arbeitsunfähigkeit: Krankheit schützt nicht vor Entlassung, http://www.faz.net/aktuell/beruf-chance/recht-und-gehalt/arbeitsunfaehigkeit-krankheit-schuetzt-nicht-vor-entlassung-1411392.html, abgerufen am 28.07.2014.

Fuchs, Maximilian   Beck'scher Online-Kommentar BGB, https://beck-online.beck.de/default.aspx?vpath=bibdata/komm/beckok_zivr_30/bgb/cont/beckok.bgb.p620.gliii.gl2.htm&pos=2&hlwords=Rechtsnatur%c3%90der%c3%90K%26%23252%3bndigung%c3%90K%c3%bcndigung%c3%90+rechtsnatur%2cder%2ckuendigung+%c3%90+rechtsnatur+%c3%90+der+%c3%90+kuendigen+%c3%90+rechtsnaturderkuendigung+#xhlhit, abgerufen am 24.04.2014.

Fuchs, Maximilian   Beck'scher Online-Kommentar BGB, https://beck-online.beck.de/?vpath=bibdata/komm/BeckOK_ZivR_31/BGB/cont/beckok.BGB.p626.gIV.gl2.gla.htm, abgerufen am 22.05.2014.

ICD-Code   Z73, Probleme mit Bezug auf Schwierigkeiten bei der Lebensbewältigung, http://www.icd-code.de/icd/code/Z73.html, abgerufen am 22.07.2014.

Rolfs, Christian   Beck'scher Online-Kommentar Arbeitsrecht, https://beck-online.beck.de/Default.aspx?vpath=bibdata/komm/beckok_arbr_31/kschg/cont/beckok.kschg.p1.glc.gliii.htm&pos=2&hlwords=Ultima%c3%90Ratio%c3%90K%26%23252%3bndigung%c3%90K%c3%bcndigung%c3%90+ultima%2cratio%2ckuendigung+%c3%90+ultima+%c3%90+ratio+%c3%90+kuendigen+#xhlhit, abgerufen am 24.04.2014.

Statista   Durchschnittliche Anzahl Arbeitsunfähigkeitstage aufgrund von Burnout nach Alter und Geschlecht im Jahr 2011, http://de.statista.com/statistik/daten/studie/239675/umfrage/arbeitsunfaehigkeitstage-aufgrund-von-burn-out-nach-alter-und-geschlecht/, abgerufen am 22.07.2014.

Statista   Krankheitstage durch das Burnout-Syndrom in Deutschland nach Geschlecht in den Jahren 2004 bis 2012, http://de.statista.com/statistik/daten/studie/189542/umfrage/anzahl-der-krankheitstage-durch-das-burnout-syndrom-seit-2004/, abgerufen am 22.07.2014.

Statistisches Bundesamt Zahlen & Fakten, Indikatoren, Krankenstand, https://www.destatis.de/DE/ZahlenFakten/Indikatoren/QualitaetArbeit/Dimension2/2_3_Krankenstand.html, abgerufen am 24.05.2014.

Kommentare

Ascheid, Reiner/ **Preis, Ulrich/** **Schmidt, Ingrid**	Kündigungsrecht, 4. Neu bearbeitete Auflage, München 2012, zitiert von Kiel, Heinrich/Dörner, Klemens/ Vossen, Reinhard.
Bredemeier, Jörg/ **Nefke, Reinhard**	BAT/BAT-O, 2. Auflage, München 2003, zitiert von Weizenegger, Wolfgang.
Däubler, Wolfgang/ **Hjort, Jens Peter/** **Schubert, Michael/** **Wolmerath, Martin**	NomosKommentar Arbeitsrecht, Individualarbeits- recht mit kollektivrechtlichen Bezügen, 3. Auflage, Baden-Baden 2013, zitiert von Schmitt, Frank/Bufalica, Andreas/Braun, Vera/Roos, Bernd.
Dauner-Lieb, Barbara/ **Langen, Werner**	BGB Schuldrecht Band 2, 2. Auflage, Baden-Baden 2012, zitiert von Franzen, Martin.
Dietrich, Thomas/ **Hanau, Peter/** **Schaub, Günter**	Erfurter Kommentar zum Arbeitsrecht, 14. neu bearbeitete Auflage, München 2014, zitiert von Oetker, Hartmut.
Feichtinger, Peter/ **Malkmus, Hans**	Entgeltfortzahlungsrecht, 2. Auflage, Baden-Baden 2010, zitiert von Feichtinger, Peter.
Fiebig, Stefan/ **Gallner, Inken/** **Mestwerdt, Wilhelm/** **Nägele, Stefan**	Kündigungsschutzrecht, 4. Auflage, Baden-Baden 2012. zitiert von Pfeiffer, Gerhard/Fiebig, Stefan/Zimmermann, Ralf, Gallner, Inken.
Grobys, Marcel/ **Panzer, Andrea**	StichwortKommentar Arbeitsrecht, 1. Auflage, Baden-Baden 2012, zitiert von Wisskirchen, Gerlind/Mohnke, Lars.
Hoyningen-Huene, Gerrick	Kündigungsschutzgesetz, 13. Auflage, München 2002.
Hümmerich, Klaus/	AnwaltKommentar Arbeitsrecht, Band 1, Bonn 2008

Boecken, Winfried/ **Düwell, Franz Josef**	zitiert von Kloppenburg, Thomas.
Hümmerich, Klaus/ **Boecken, Winfried/** **Düwell, Franz Josef**	NomosKommentar Arbeitsrecht, 2. Auflage, Baden-Baden 2010, zitiert von Schöne, Steffen/ Kloppenburg, Thomas/ Sievers, Jochen.
Kunz, Olaf/ **Wedde, Peter**	Entgeltfortzahlungsrecht – EFZR, 2. aktual. Auflage, Frankfurt a.M. 2005.
Meinel, Gernod/ **Heyn, Judith/** **Herms, Sascha**	Teilzeit- und Befristungsgesetz: TzBfG, 4. neubearbeitete Auflage, München 2012, zitiert von Heyn, Judith.
Rixecker, Roland/ **Säcker, Jürgen/** **Oetker, Hartmut**	Münchener Kommentar zum Bürgerlichen Gesetzbuch: BGB, 6. Auflage, München 2012, zitiert von Hergenröder, Curt Wolfgang.
Schliemann, Harald	Das Arbeitsrecht im BGB, 2. Auflage, Berlin 2002, ztiert von Corts, Jochen, Schliemann, Harald.
Thüsing, Gregor/ **Laux, Helga/** **Lembke, Mark**	Kündigungsschutzgesetz Praxiskommentar, 3. Auflage, Freiburg 2014, zitiert von Volk, Annette/Thüsing, Gregor.
Umbach, Dieter C./ **Clemens, Thomas**	Grundgesetz Mitarbeiterkommentar und Handbuch- Band I: Art 1-37, Heidelberg 2002, zitiert von Friedrich, Hans-Wolf.

Urteile

Urteile des BAG

BAG, Urteil vom 26.8.1971–2 AZR 233/70.

BAG, Urteil vom 14.1.1972 – 5 AZR 264/71.

BAG, Urteil vom 6.7.1972 – 2 AZR 386/71.

BAG, Urteil vom 11.3.1976 – 2 AZR 29/75.

BAG, Urteil vom 5.4.1976 – 5 AZR 397/75.

BAG, Urteil vom 06.12.1976 - 2 AZR 470/75.

BAG, Urteil vom 26.5.1977 – 2 AZR 201/76.

BAG, Urteil vom 22.02.1980 - 7 AZR 295/78.

BAG, Urteil vom 25.11.1982 – 2 AZR 140/81.

BAG, Urteil vom 1.6.1983 – 5 AZR 536/80.

BAG, Urteil vom 15.8.1984 – 7 AZR 536/82.

BAG, Urteil vom 13.03.1987 - 7 AZR 724/85.

BAG, Urteil vom 9.4.1987 – 2 AZR 210/86.

BAG, Urteil vom 11.11.1987 – 5 AZR 497/86.

BAG, Urteil vom 14.9.1988 – 7 ABR 10/87.

BAG, Urteil vom 16.02.1989 - 2 AZR 299/88.

BAG, Urteil vom 20.07.1989 - 2 AZR 114/87.

BAG, Urteil vom 6.9.1989 – 2 AZR 118/89.

BAG, Urteil vom 7.12.1989 – 2 AZR 225/89.

BAG, Urteil vom 31.01.1991 - 2 AZR 356/90.

BAG, Urteil vom 07.02.1991 - 2 AZR 205/90.

BAG, Urteil vom 26.9.1991 – 2 AZR 132/91.

BAG, Urteil vom 21.5.1992 – 2 AZR 551/91.

BAG, Urteil vom 14.01.1993 - 2 AZR 343/92.

BAG, Urteil vom 19.05.1993 - 2 AZR 539/92.

BAG, Urteil vom 29.7.1993 – 2 AZR 155/93.

BAG, Urteil vom 26.1.1995 – 2 AZR 649/94.

BAG, Urteil vom 29.1.1997 – 2 AZR 9/96.

BAG, Urteil vom 17.02.1998 - 9 AZR 130/97.

BAG, Urteil vom 10.02.1999 - 2 AZR 848/98.

BAG, Urteil vom 29.4.1999 – 2 AZR 431/98.

BAG, Urteil vom 17.6.1999 – 2 AZR 639/98.

BAG, Urteil vom 20.1.2000 – 2 ABR 40/99.

BAG, Urteil vom 21.06.2000 - 4 AZR 379/99.

BAG, Urteil vom 10.11.2000 – 2 AZR 44/05.

BAG, Urteil vom 7.12.2000 – 2 AZR 391/99

BAG, Urteil vom 18.1.2001 – 2 AZR 616/99.

BAG, Urteil vom 12.12.2001 - 5 AZR 253/00.

BAG, Urteil vom 12.4.2002 – 2 AZR 148/01.

BAG, Urteil vom 7.11.2002 - 2 AZR 493/01.

BAG, Urteil vom 20.08.2003 - 5 AZR 610/02.

BAG, Urteil vom 06.11.2003 - 2 AZR 690/02.

BAG, Urteil vom 11.12.2003 – 2 AZR 667/02.

BAG, Urteil vom 3.6.2004 - 2 AZR 386/03.

BAG, Urteil vom 21.4.2005 – 2 AZR 132/04.

BAG, Urteil vom 22.9.2005 - 2 AZR 519/04.

BAG, Urteil vom 10.11.2005 – 2 AZR 44/05.

BAG, Urteil vom 24.11.2005 – 2 AZR 514/04.

BAG, Urteil vom 12.1.2006 – 2 AZR 242/05.

BAG, Urteil vom 12.6.2006 – 2 AZR 21/05.

BAG, Urteil vom 1.3.2007 – 2 AZR 217/06.

BAG, Urteil vom 12.7.2007 – 2 AZR 716/06.

BAG, Urteil vom 8.11.2007 - 2 AZR 425/06.

BAG, Urteil vom 17.1.2008 – 2 AZR 536/ 06.

BAG, Urteil vom 24.01.2008 - 6 AZR 96/07.

BAG, Urteil vom 13.03.2008 - 2 AZR 1037/06.

BAG, Urteil vom 27.11.2008 – 2 AZR 675/07.

BAG, Urteil vom 26.11.2009 - 2 AZR 751/08.

BAG, Urteil vom 10.6.2010 - 2 AZR 1020/08.

BAG, Urteil vom 09.06.2011 - 6 AZR 687/09.

BAG, Urteil vom 22.03.2012 - 2 AZR 224/11.

BAG, Urteil vom 25.10.2012 - 2 AZR 845/11.

BAG, Urteil vom 20.06.2013 - 6 AZR 805/11.

BAG, Urteil vom 19.12.2013 – 6 AZR 190/12.

Urteile des LAG

LAG Hamm, Urteil vom 8.10.1970 – 4 Sa 534/70.

LAG Frankfurt, Urteil vom 13.10.1972 – 5 Sa 406/72.

LAG Düsseldorf, Urteil vom 29.4.1981 – 22 Sa 82/81.

LAG Hamm, Urteil vom 13.4.1983 – 12 Sa 95/83.

LAG Hamm, Urteil vom 31.01.1990 - 2 Sa 1672/89.

LAG Köln, Urteil vom 25.08.1995 - 13 Sa 440/95.

LAG Hamm, Urteil vom 4.12.1996 – 2 Sa 511/96.

LAG Rheinland-Pfalz, Urteil vom 16.02.1996 - 3 Sa 870/95.

LAG Hamm, Urteil vom 15.1.1999 – 10 Sa 1235/98.

LAG Nürnberg, Urteil vom 17.12.2002 – 6 Sa 480/01.

LAG Hamm, Urteil vom 3.2.2004 – 19 Sa 1956/03.

LAG Rheinland-Pfalz, Urteil vom 14.07.2004 - 8 Ta 140/04.

LAG Hamm, Urteil vom 4.2.2005 – 10 Sa 1326/04.

LAG Hamm, Urteil vom 29.3.2006 – 18 Sa 2104/05.

LAG Sachsen, Urteil vom 7.4.2006 – 3 Sa 425/05.

LAG Rheinland-Pfalz, Urteil vom 12.4.2006 – 10 Sa 977/05.

LAG Berlin-Brandenburg, Urteil vom 25.01.2007 - 6 Sa 1245/06.

LAG Hessen, Urteil vom 1.4.2009 – 6 Sa 1593/08.

LAG Rheinland-Pfalz, Urteil vom 24.4.2009 – 9 Sa 683/08.

LAG Rheinland-Pfalz, Urteil vom 6.5.2010 – 10 Sa 712/09.

LAG Köln, Urteil vom 17.5.2010 – 5 Sa 1072/09.

LAG Niedersachsen, Urteil vom 31.5.2010 – 12 Sa 875/09.

LAG Berlin-Brandenburg, Urteil vom 28.8.2012 – 19 Sa 306/12.

Urteile des ArbG

ArbG Detmold, Urteil vom 23.10.2003 – 3 Ca 559/03.

ArbG Hagen, Urteil vom 27.9.2005 – 5 Ca 2970/04.

ArbG Hamburg, Urteil vom 1.9.2006 – 27 Ca 136/06.

ArbG Koblenz, Urteil vom 23.7.2008 – 4 CA 2857/07.

ArbG Solingen, Urteil vom 10.5.2012 – 2 Ca 198/12.

Urteile sonstiger Gerichte

LSG Stuttgart, Urteil vom 27.11.1981 – L 4 Kr 483/80.

BSG, Urteil vom 16.12.1981 - GS 4/78.

BGH, Urteil vom 27.1.2000 – IX ZR 45/98.

EuGH, Urteil vom 20.01.2009 - C-350/06, C-520/06, C-350/06, C-520/06.

EuGH, Urteil vom 11.4.2013 – C-335/11.